全国中小学研学实践教育活动读本

抗战文物故事选

中国人民抗日战争纪念馆 编著

中共党史出版社

图书在版编目（CIP）数据

抗战文物故事选 / 中国人民抗日战争纪念馆编著
. -- 北京 : 中共党史出版社 , 2019.11
ISBN 978-7-5098-5407-5

Ⅰ . ①抗… Ⅱ . ①中… Ⅲ . ①革命文物—中国—通俗读物 Ⅳ . ① K871.6-49

中国版本图书馆 CIP 数据核字 (2019) 第 241327 号

出版发行：中共党史出版社
责任编辑：韩冬梅
复　　审：潘鹏
终　　审：姚建萍
责任校对：申宁
责任印制：谷智宇
责任监制：贺冬英
社　　址：北京市海淀区芙蓉里南街 6 号院 1 号楼
邮　　编：100080
网　　址：www.dscbs.com
经　　销：新华书店
印　　刷：北京盛通印刷股份有限公司
开　　本：185mm × 250mm　1/16
字　　数：197 千字
印　　张：15
印　　数：1—22050 册
版　　次：2019 年 11 月第 1 版
印　　次：2019 年 11 月第 1 次印刷

ISBN 978-7-5098-5407-5
定　　价：53.00 元

此书如有印制质量问题，请与中共党史出版社出版业务部联系
电话：010-82517197

编　委　会

前　言

伟大抗战精神，是中国革命精神的重要组成部分。习近平曾指出：“在中国人民抗日战争的壮阔进程中，形成了伟大的抗战精神，中国人民向世界展示了天下兴亡、匹夫有责的爱国情怀，视死如归、宁死不屈的民族气节，不畏强暴、血战到底的英雄气概，百折不挠、坚忍不拔的必胜信念。伟大的抗战精神，是中国人民弥足珍贵的精神财富，永远是激励中国人民克服一切艰难险阻、为实现中华民族伟大复兴而奋斗的强大精神动力。”为充分发挥全国爱国主义教育示范基地教育功能，充分发挥抗战历史在“育新人”中的独特作用，中国人民抗日战争纪念馆编写了这本《抗战文物故事选》，以期生动鲜活地向大众展示抗战文物，呈现它们所蕴含的感人历史事迹，更好地传承和弘扬伟大抗战精神。抗战精神绝不是一句抽象的口号，而是实实在在地体现在一个个、一件件具体鲜活的人和事上，千千万万这样的人和事汇聚成全民族团结抗战的浩荡洪流，构筑成崇高磅礴的伟大精神。

史书记载的多是宏观、整体的历史，其支柱主要是可查阅的文献档案，一般甚少关注文物或实物资料。在宏观历史指导下，搜集、保存、展示历史的实物遗存，能够反映当时历史环境下人们的心理和行为，还原历史的细节，从而印证整体历史，帮助人们更好地理解历史。这正是纪念馆的工作职责。

本书精选了抗战馆馆藏珍贵文物65件。这些文物，既有领袖人物领导抗战的用品，也有人民群众参加抗战的器物；既有高级将领驰骋沙场的装备，也有普通战士英勇杀敌的武器；既有著名英烈以身报国的志书壮语，也有民众百姓不畏牺牲的家国情怀；既有文艺人士鼓舞抗战的宣传作品，也有知识分子服务抗战的工具器械……从中我们能看到的，既有耄耋老人不辞劳苦奔走呼号的情形，也有妇女儿童不畏困难支援抗战的纪念；既有从东北到南粤各地人民奋起抗日的壮举，也有台湾、港澳人士及华侨纷纷投身或积极支援祖国抗战的事迹；既有中国的抗战，也有盟国的协作，还有日本军国主义的暴行……

通过这一件件文物、一个个鲜活的故事，我们真切感受到，抗日战争是要付出千辛万苦、巨大代价以至惨重牺牲的。正因如此，愈发显得在险恶环境和艰苦条件下进行不屈抗争的人们坚定必胜信念之重要，愈发显得勇敢牺牲精神的可贵！正是中华儿女这种不畏强敌、不避艰险、不惧万难、不惜牺牲，团结一致保家卫国的崇高精神，最终战胜了穷凶极恶的日本侵略者，捍卫了中华民族的独立和尊严，建立了万世不朽的功勋。中国人民固有的爱国主义传统，经过严酷斗争的锤炼，在抗日战争中得到了高度升华，凝聚成了伟大的抗战精神，值得永远铭记和传承。千千万万先贤先烈不屈不挠、奋斗牺牲的抗战事迹，是抗战精神的具体体现。读懂了这些文物及其承载先辈厚重的抗战故事，就自然能够读懂了抗战精神，就更加深刻理解为什么中国不仅能战胜日本并为世界反法西斯战争作出巨大贡献；为什么中国共产党领导人民能够取得革命、建设、改革、发展的一个个重大成就和胜利，从而更能坚定“四个自信”，更加坚定自觉地为建设社会主义现代化强国、实现中华民族的伟大复兴而努力奋斗。

通过编辑出版这本书，希望为广大读者、特别是青少年学生走进抗战纪念馆、认识了解抗战文物、学习抗战历史、弘扬和践行抗战精神能够提供一些有益的参考和借鉴。我们相信，当你细细品读这一篇篇抗战文物故事的时候，一定会受到更多的震撼和感动，一定会得到更多的感悟和启迪。

李宗远

目　录

台湾民众党党旗

矢心向国志不渝

中国人民抗日战争纪念馆馆藏文物中有一面青天三星满地红的旗子，这面旗子看上去有些陈旧，但却是一件凝聚着台湾几代爱国知识分子、心向祖国、抗击日本侵略的伟大传统的文物。这是 20 世纪二三十年代在岛内从事抗日民族运动的台湾民众党的党旗，是国家一级文物。

旗飘三星向主义。这面旗帜上的三颗星代表着孙中山提出的民族、民权、民生三民主义。最初，台湾民众党党旗是在中华民国的青天白日满地红的国旗基础上修改为上青下红中白日，当时被日本人认为有思慕祖国的倾向而被禁止。之后设计了这款青天三星满地红的旗子，白日用三颗星来代替。

台湾民众党前身为台湾文化协会，由蒋渭水创办。蒋渭水（1891—1931），台湾宜兰县人，幼年在私塾接受了中国传统文化教育，后进入台北医学院学习，成为一名医生。1916年，在台北开设大安医院，对百姓经常免费医治，因此深得人心。蒋渭水对社会政治十分关心，向往祖国，经常著文抨击日本殖民政治的暴政。他深受当时世界民主自由思潮的影响，认为应在台湾成立一个组织，传播文化，启发民智，充实台湾人的现代知识。于是在林献堂等人的支持下，蒋渭水着手组织台湾文化协会，于1921年10月27日在台北召开成立大会。

20世纪20年代中期以后，台湾工农运动兴起，文协内部出现了分歧，林献堂、蔡培火等人退出文协。1927年7月10日，以蒋渭水、谢春木为首的台湾知识分子在台中成立了“台湾民众党”，信仰并实践孙中山的三民主义。提出：确立民主政治、建设合理的经济组织、改除不合理的社会制度三大纲领，是台湾历史上第一个具有现代性质的政党。

台湾民众党成立后积极进行了许多政治活动，对于日本在台湾实行的一些统治措施进行了批评并要求改善，废除日本殖民当局的保甲制度是台湾民众党争取的第一个目标。民众党还通过声明反对日本对华政策。一系列的活动鲜明地表现出台湾民众党对于祖国的向心力。

1931年2月，台湾民众党遭日本殖民统治当局取缔，但它所体现出的爱国主义精神是不可磨灭的。这面台湾民众党党旗由曾任台湾民众党宣传部部长的廖进平保存下来。1999年12月16日，廖进平之子廖德雄将旗捐赠给中国人民抗日战争纪念馆，他饱含深情地讲：“这面旗帜，应该让它回到祖国！”

任京培

华侨赠给蒋光鼐的“化险石”戒指

勠力同心卫中华

中国人民抗日战争纪念馆馆藏文物中有一枚戒指，从外表看这枚戒指并没有什么特别的地方，纯金的戒面上镶嵌着一块椭圆形的石头。就是这样一枚普通的戒指却是一件国家一级文物，因为它是一•二八淞沪抗战时期爱国华侨赠给第十九路军总指挥蒋光鼐的戒指。

蒋光鼐，生于1888年，字憬然，广东东莞虎门人，早年追随孙中山，参加辛亥革命武昌保卫战、倒袁护法、北伐战争，是著名的爱国抗日将领，曾任第十九路军总指挥，率部在淞沪地区抵御日军。

1931年9月18日，日军阴谋发动了九一八事变。之后，日军的扩张野心受到极大刺激。仅隔4个月，日军便心急火燎地把枪口转向上海，妄图抢夺更多的利益。1932年1月28日晚11时30分，日军“撕毁了一切国际和平条约”，派出海军陆战队向上海闸北的中国驻军发动攻击。当时驻守上海的中国军队是以蒋光鼐为总指挥的第十九路军。第十九路军是单纯的陆军，兵员3.3万余人，兵种单一，而日军却是海陆空协同作战。日军派出飞机40余架，战舰17艘，驱逐舰约20艘，还有火力强劲的坦克、大炮，并且还不断往上海增兵，兵力最多时达到8万余众，号称十万精兵。日军根本不把第十九路军放在眼里，日军驻上海最高军事长官、第一遣外舰队司令官盐泽幸一少将甚至扬言："上海一旦发生战争，4小时即可了事。"

面对日军强兵压境，在全国人民抗日热潮的推动和影响下，蒋光鼐指挥第十九路军没有退缩，他们抱着"为中华民族图生存，为中国军人争人格"之决心，不顾南京国民政府的反对，奋起抵抗，一次又一次打退日军。日军大本营气急败坏，急忙换帅。可笑盐泽幸一不但没能在4小时内结束战争，反而落了个被免职的下场。

正当第十九路军与敌人浴血奋战之时，我国各界人士和海外华侨的支前活动也在如火如荼地进行着，人民积极捐钱捐物，或亲赴上海抗战。当盐泽幸一组织的第一次总攻被第十九路军挫败后，广大华侨"遥听捷音，欣慰莫名"，纷纷拍电报慰问，并希望"蒋（光鼐）、蔡（廷锴）两将军继续作战，自当尽力筹饷"。这期间，有位归国华侨崔某受人之托来到第十九路军后方办事处，拿出一枚中间镶嵌一块椭圆形宝石的金戒指，恳请办事处工作人员转交蒋总指挥，以表达海外侨胞对他们领导第十九路军抗击日军的钦佩之情。戒指所镶之石晶莹剔透，发出一种奇异的光泽。据崔某介绍，该石名"化险石"，产自非洲，当地部落发生战争时，多用鸟血喷涂箭身，中箭者见血即死，而佩戴化险石的战士却能幸免于难，所以当地人一向视此物为护身宝。这种石头不易获得，极其珍贵。蒋将军为国守土，理当佩戴此石，以求逢凶化吉，化险为夷。这枚镶着"化险石"的金戒指寄托了广大华侨对抗日爱国将领的至深爱护和对侵华日军的无比痛恨之情！蒋光鼐欣然接受侨胞的馈赠，对"化险石"戒指格外爱惜。他知道，这不是一枚普通的戒指，这是一颗拳拳爱国之心啊！

蒋光鼐全家住在外国租界内。为了保证家人的安全，蒋光鼐进出家门时总是十分小心。由于国民政府屡屡实行不抵抗政策，多次逼迫蒋光鼐与日方代表谈判。1932 年 2 月 13 日深夜，大雪弥漫、北风呼啸，整个上海笼罩在一片严寒里。蒋光鼐将军又一次心情沉重地离开谈判桌，乔装赶往位于租界的家。一路上，蒋光鼐愤愤不平地思索着：日本人一面搞和谈，一面又不断增兵，对谈判毫无诚意，而南京政府对日本人却始终抱有和谈的幻想，这让他的部队多么被动啊。想到狡猾凶残的日本人，蒋光鼐开始担心起家人的安危来。此时全家也在焦急地等待蒋光鼐，就连家中的保姆都不例外，居然天天晚上烧香求神保佑蒋光鼐，其虔诚之态，着实令人感动。蒋光鼐安全到家后，大家彼此松了一口气。为了安慰家人，他拿出侨胞送给他的戒指，一边递给夫人，一边风趣地告诉大家，戒指上面的宝石是能避邪的，大家不必为他担心。从此，这枚戒指由蒋夫人珍藏着，后改由蒋光鼐的大女儿一直保存。

1988 年，民革中央召开“纪念蒋光鼐同志诞生一百周年座谈会”时，蒋光鼐大女儿从山东把戒指带到北京来，表示要把戒指捐赠给有关部门，但是不知道交到哪里好，就把戒指暂时放在蒋光鼐儿子家中，一放又是 14 年。2002 年，在纪念一•二八淞沪抗战七十周年的纪念日，蒋光鼐的子女把这枚戒指捐献给中国人民抗日战争纪念馆，后被评定为国家一级文物。现在这枚象征身居异国他乡的炎黄子孙在祖国危难时刻，与祖国人民勠力同心、共御外侮的高尚品质的“化险石”戒指，在中国人民抗日战争纪念馆庄严肃穆的展厅里，永远闪烁着正义的光芒！

任京培

东北民众反日救国会委任状

民族老英雄王德林

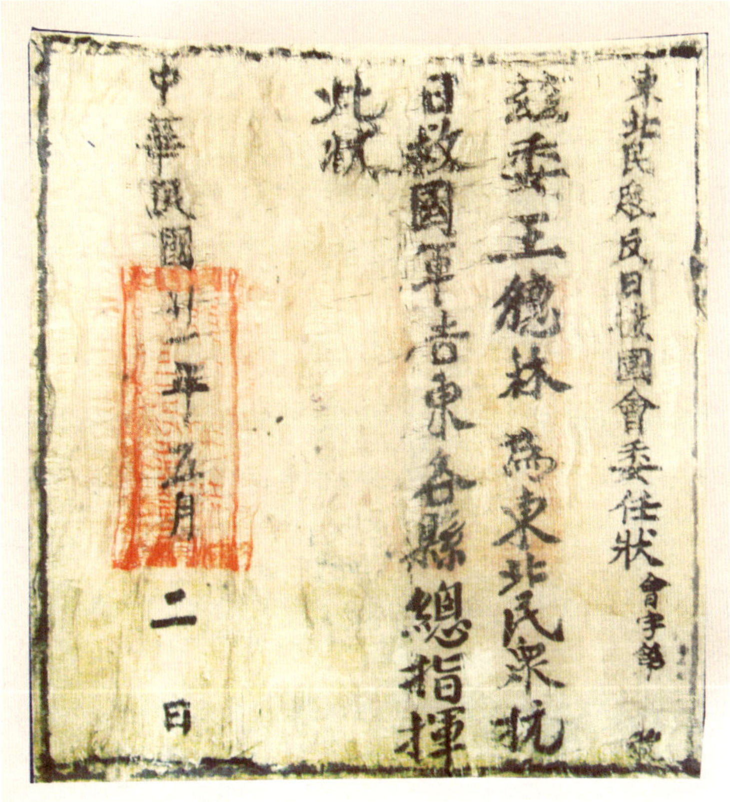
東北民衆反日救國會委任狀 會字第 號
茲委王德林為東北民衆抗
日救國軍吉東各縣總指揮
此狀
中華民國廿一年五月二日

在中国人民抗日战争纪念馆馆藏国家一级文物中，有一个名为东北民众反日救国会委任状的文物，长 18.5 厘米、宽 19.5 厘米，质地为纸上裱布。这件委任状的内容是：“东北民众反日救国会委任状兹委王德林为东北民众抗日救国军吉东各县总指挥　此状　中华民国廿一年五月二日”。它见证了东北人民不甘屈服于日本帝国主义的野蛮侵略，特别是抗日义勇军为民族生存，不顾一切揭竿而起，以血肉之躯和日军进行殊死搏斗，从而有力打击了日本帝国主义的侵略野心，激发了全国人民的抗日斗志。

王德林（1875—1938），原名王林，字惠民，山东沂南人。甲午战争后的山东大饥荒，迫使22岁的王德林背井离乡，闯关东到了东北。他做过窑工、当过佃户、占过山头。1907年，王德林被吉林督军孟恩远收编，任命他为营长。此后部队虽多次调防、改编，都沿用“三营”番号，老百姓也称之为“老三营”。

九一八事变后的1932年2月8日，王德林在延吉县小城子召开部队官兵和群众代表大会，决定起义，组织国民救国军。王德林率部起义，许多老百姓积极报名参加，民团、警察、伪军纷纷投奔。在起义后不到两个月的时间里，救国军由原来300余众发展到3000多人，成为武装完备的抗日大军。3月12日，在镜泊湖南湖头，日军在飞机配合下将救国军包围。救国军隐藏在山中以步枪还击，日军只闻枪声不见人，每闻枪声起必有应声而倒者，恐慌弥漫，队伍渐乱。王德林见有隙可乘，兵分两路绕道将日军包围，以猛烈炮火攻击，经过一小时战斗，日军被击溃大败而逃。救国军连战连捷，军威大振，群众奔走相告。铁路工人、爱国学生纷纷要求参加救国军，连当地胡子、响马也来参加救国军。救国军一下扩大到三万多人。他们炸毁桥梁、破坏公路，给日军以沉重打击。王德林部不仅队伍扩大，控制的地区亦增加到十余县。他提出“不分党派，共同一致对外抗日”的主张，倡议各部抗日军联合作战。这一倡议得到了战斗在松花江、牡丹江流域的吉林民众抗日自卫军李杜、丁超、马宪章和张振帮等部的拥护。不久，吉林省抗日军联合指挥部成立。但是，他们的抗日斗争也面临重重困难，转战千余里，三万之众所用军械军需却无来源，人多于枪，枪多于子弹，无粮饷、无救助，衣衫褴褛、缺医少药。

1932年9月，王德林发表《泣告国人书》。他在文中向广大同胞陈情道：“与各种要件具有之优越日军角逐历百战而不挠，负一隅而苦斗，其间艰辛情况非笔墨所能形容，余念及此不禁泪涕滂沱……现在求战则军实不充，求守则冻馁堪虞，前有强敌后是绝路（因邻苏界），进退维谷莫展一筹。”1933 年 1 月 10 日，王德林被迫撤入苏联境内，余部在吉林继续抗日，后来发展为中国共产党领导的密山、饶河游击队，1935 年改编为东北抗日联军第四军。

1933 年 5 月，王德林绕道香港回国后，奔走各大城市，四处募捐呼吁抗日。在上海，他得到朱庆澜领导的抗日后援会的帮助，为东北抗日武装募集了 8000 块现大洋。1934 年 5 月，他在天津将这笔钱交给共产党员陈翰章，嘱其转交抗日将士。陈翰章历尽艰辛，于 5 月底回到绥宁反日同盟军抗日游击根据地，交给同盟军军委。

1937 年七七事变爆发后，王德林决定回山东老家参加抗日斗争，他在郑州火车站见到家人说：“你们去西安吧，我要去干我的事了。”从此与家人诀别。他拖着病体辗转冀鲁豫等地，继续组建抗日队伍，后因病情加重，回到原籍养病。1938 年 2 月，中共山东省委机关率部队进驻沂蒙山区。王德林多次到驻地拜访，与军政首长畅谈抗日救国大计。他说：“我虽然老了但心不老，死也要打鬼子，不然死也不甘心。”1938 年 12 月 20 日，王德林这位抗日老英雄因宿疾转剧而与世长辞，时年 63 岁。

1953 年，由毛泽东主席签发的烈士证书颁发到王德林家人手中。2008 年 10 月 26 日，王德林的长孙女王同受父亲的委托，将这件珍贵的委任状捐赠给中国人民抗日战争纪念馆。

李文华

胡红霞为察哈尔抗日同盟军秘密运送武器的皮箱

吉鸿昌夫妇战斗友谊和深厚情感的见证

这个小皮箱是吉鸿昌夫人胡红霞1933年给察哈尔抗日同盟军秘密运送武器时用过的皮箱。提起这只皮箱，还要追溯到抗日战争时期吉鸿昌将军在张家口指挥抗日同盟军的战斗岁月和风雨历程。

吉鸿昌，字世五，原名吉恒立，1895年出生于河南省扶沟县吕潭镇一个贫苦农民家庭。1913年，入冯玉祥部，因为人正直、骁勇善战、屡立战功。十几年里，一步步从下级军官升至师长、军长。1930年4月，蒋、冯、阎中原大战爆发。吉鸿昌奉命率部从宁夏出潼关，参加讨蒋大战。9月，冯玉祥的西北军战败。吉鸿昌部接受蒋介石改编，就任第二十二路军总指挥兼

第三十师师长，不久被蒋派往光山、商城一带进攻鄂豫皖苏区。吉鸿昌对进攻苏区十分反感。他“托病”到上海与中共党组织取得了联系，随后又化装到鄂豫皖苏区进行了考察，思想上受到很大触动，随后曾在潢川组织部队起义参加工农红军未果。蒋介石发现吉鸿昌有“谋反”之意，便解除了他的军职，逼迫他出国“考察实业”。

临行前，九一八事变爆发，吉鸿昌决意改变出国计划，并亲自给蒋介石打电话，要求留在国内率军抗日，蒋介石蛮横地拒绝了他的要求。无奈之下，吉鸿昌于1931年9月23日携夫人胡红霞一起离开了祖国。临行前，他含着泪对送行的部下说：“我是个军人，国难当头，不能打日本，却要远走高飞，心里非常难过。”

1932年1月，日本侵略者又在上海挑起一•二八事变。吉鸿昌闻讯，立即结束了欧美五个月的“考察”回国。矢志抗日的他，秘密与华北中共党组织取得联系。4月，吉鸿昌在北平加入了中国共产党。他积极策动冯玉祥、方振武等筹组抗日武装，准备收复失地。1933年5月26日，察哈尔民众抗日同盟军在张家口成立，冯玉祥任总司令，方振武为北路前敌总司令，吉鸿昌为第二军军长兼北路前敌总指挥。

抗日同盟军成立初期，人多枪少，缺乏武器弹药。吉鸿昌把自己在天津的家产变卖，购买到了200多支枪，经多方联络，最终通过关系用“满洲铁路汽车公司”的汽车将枪支运到了张家口。长枪运到了，但还有几支短枪藏在家中，吉鸿昌通知夫人胡红霞要想尽一切办法将这几支短枪从天津亲自送到前线。

胡红霞想来想去，决定把几支短枪装进小皮箱，上面盖上吉鸿昌经常用的毛毯作掩护。但胡红霞一个女人要从天津赶往张家口自然有诸多不便，需要物色一个可靠的同伴一同前往，恰逢学校放暑假，胡红霞诚邀她的妹夫作为她的保护人一路同行。胡红霞还准备了各种可能用到的证件，她还多方打听路上可能遇到的情况，当获悉路上关卡的执勤人员一般都较为贪婪，用金钱作为“敲门砖”很容易通过，为此还携带了些金条。

由于两人聪明机智，配合默契，巧妙地通过了敌人的多道关卡。但到河北宣化一个关卡时，检查人员提提箱子发现很重，要求开箱检查。胡红霞说箱子里全是书籍，开箱之后怕搞乱了。关卡人员见这兄妹迟迟不肯开箱，就用刺刀撬皮箱的盖子。胡红霞见状立刻把早已准备好的金条塞了过去。见钱眼开的关卡人员见到金条，立刻放行了。箱子被刺刀撬过的痕迹至今犹在。胡红霞过关后，在吉鸿昌派出的接应人员安排下顺利抵达了张家口，来到了丈夫的身边，一起投入到抗日斗争中。

察哈尔民众抗日同盟军一度收复康保、宝昌、沽源，克多伦，极大地鼓舞了全国人民，获得了各界热烈支持。但是，由于国民党政府当局将同盟军的抗日行动视为“攘外必先安内”政策的障碍，千方百计破坏同盟军。最终，冯玉祥为了避免内战，保存抗日力量，被迫通电全国，解散抗日同盟军，并离开部队。只有方振武、吉鸿昌和中共掌握的部队不愿放弃抗战，继续进行斗争，但由于力量严重削弱，在日伪蒋军的包围和夹击下，终于失败。1934 年 11 月 9 日，在天津继续从事抗日活动的吉鸿昌被捕。11 月 24 日，吉鸿昌在北平陆军监狱英勇就义，时年 39 岁。在生命的最后时刻，他高呼“打倒日本帝国主义”“中国共产党万岁”的口号，并留下了那首著名的诗作：“恨不抗日死，留作今日羞，国破尚如此，我何惜此头。”

吉鸿昌将军牺牲后，胡红霞将丈夫的姓冠在自己姓的前面，称作“吉胡红霞”。那只凝结着吉鸿昌夫妇战斗友谊和深厚情感的皮箱也一直精心保存下来。在中国人民抗日战争纪念馆筹备建馆时，吉鸿昌的女儿吉瑞芝于 1986 年 9 月将它郑重捐赠出来。

李文华

宋哲元的指挥刀

“宁为战死鬼，不作亡国奴”的抗日决心

这是一把鎏金嵌花提手、玳瑁刀柄的将官指挥刀。尽管经过近一个世纪的沧桑，刀鞘已锈迹斑斑，但刀刃依然锋利，发出阵阵寒光。这就是第二十九军军长宋哲元使用过的指挥刀。

望着这把指挥刀，似乎看到了宋哲元携刀指挥第二十九军大刀队在长城英勇杀敌，高喊着“有进无退，死而后已”的场景。那是怎样一个场面啊！长城两侧，乱山之中，刀光闪闪，炮声隆隆，坡坡岭岭，杀声遍野，天昏地暗。面对第二十九军的大刀，日军惊恐万状，夜不能寐，连睡觉都头戴钢盔，脖戴“铁围巾”。第二十九军的大刀杀出了一条血路、一条生路，杀出了

中国人的士气和尊严。

宋哲元（1885—1940），字明轩，原是冯玉祥手下西北军五虎之一，蒋、冯、阎中原大战后，1930年10月，宋哲元率余部退据晋南地区。12月，负责北方军事善后的张学良将西北军余部进行整编，宋部缩编为陆军第三军，下辖三个师，宋哲元任军长，归东北军序列。1931年6月，南京政府为进一步加强军事控制，着手整编全国陆军，将宋哲元部改编为陆军第二十九军，下辖两个师、六个旅。九一八事变的第三天，宋哲元即率第二十九军全体将士，向全国发出“抗日通电”，坚决表示：“哲元等分属军人，责在保国。谨率所部枕戈待命，宁为战死鬼，不作亡国奴，奋斗牺牲，誓雪国耻。”电文的字里行间洋溢着爱国之心志，抗日之殷情，誓死之决心，充分表达了他对日本侵略者的无比愤慨和痛恨。

1933年1月2日，日军第八师团在飞机、大炮的掩护下向山海关沿线的中国驻军发动猛攻。次日下午攻陷临榆县城，山海关失守。10日，宋哲元接到张学良电令：“第二十九军所辖各部应即驻北平以东的三河、宝坻、蓟县、玉田、香河一带驻防训练。”第二十九军在宋哲元的指挥下，迅速构筑防御工事。2月22日，日本关东军调集四个师团，纠合伪满洲国军队总计10万余人，向热河分三路进攻。3月4日，热河省主席汤玉麟率部仓皇而逃，日军进占热河省会承德城。日军的铁蹄从东北踏进了华北。3月8日，宋哲元接防长城线喜峰口到宽城附近阵地，随即指挥第二十九军将士在长城要隘喜峰口、罗文峪与日军展开血战。在敌我装备悬殊的条件下，第二十九军大刀队发挥神威，取得喜峰口大捷，打破了日军不可战胜的神话，挽回了热河抗战中中国军队溃败所蒙受的耻辱。从此第二十九军作为抗日雄师名扬长城内外。

喜峰口、罗文峪挫败日军的消息迅速传遍全国，宋哲元在喜峰口召开中外记者现场会，曾挥起此刀表达了自己坚决抗战的决心。

1937年日军占领平津后，为躲避日军搜查，此刀被转送到宋哲元三弟宋慧泉家中，后存于天津市公安局。1983 年宋慧泉之女宋木兰领回此刀后送到宋哲元外甥女李惠兰家保存。1985 年 7 月，得知中国人民抗日战争纪念馆筹建的消息后，李惠兰特地将此刀捐献出来。

刘守华

第二十九军的大刀

“向鬼子们的头上砍去”

这把大刀的主人名叫杨云峰，曾经是第二十九军的一位炮兵排长，当年他就是用这把大刀杀得敌人闻风丧胆，鬼哭狼嚎……

九一八事变后，侵华日军迅速占领了东北三省，继而又妄图侵占整个华北。1933 年，中国军队以长城为阵地，抗击着武装到牙齿的凶恶敌人。就在敌我双方阵地争夺呈拉锯战，与敌人短兵相接之时，第二十九军的大刀发挥了威力。在一天午夜时分，我军将士趁着夜色奇袭了敌营。他们摸进敌营后，不打枪不投弹，只管抡起大刀，像切西瓜似的一刀一个，四下里只听“叽哩喀嚓”的刀砍声，不到一个时辰，一百多个日军全都做了刀下之鬼……第二十九军大刀队让日军吓破了胆，纷纷做成铁脖护在颈上以免被砍了头。不过，厚重的铁围脖大大削弱了他们的战斗灵活性，伤亡更加惨重。后来为了减轻重量改成了皮的，老百姓戏称为“屁帘”。

为什么第二十九军的大刀片有如此神威呢？第二十九军何基沣副旅长曾赴上海考察军事，当他看到日本军队的武器装备后，感触很深。他认为，当今的战争远非当年可比，第一，今日作战的对象是日本军队，不是旧时的军阀土匪；第二，日军武器精良，训练有素。飞机、大炮、战车大批投入战场，就连机关枪的射速也比从前大有提高。中日两军都以非自动武器为主，日军崇尚武士道精神，自恃技术过硬，近距离拼刺刀时还把子弹退出，所以肉搏战经常发生。打击日军，要扬我之长，击敌之短，主要靠近战、夜战、山地战。发挥短兵器、冷兵器的长处，比如大刀，就是我们的传家宝。

当时中国军队刺刀产量不足，刺刀虽小也非得由工厂生产才行，而大刀在铁匠铺里也能打造，只是质量糙点而已。国民支援抗战的慰劳品中就有各地铁匠铺所打的大刀。抗战大刀形式多样，但是有相对标准的形式，就是工厂成批生产的，造型统一，工艺较为精致，有的还经过了电镀处理。刀背最厚处达 7 毫米，铜护手，一般 7 斤重，刀把上缠的布多是当时中国军队蓝灰色军装的粗布。

此后，在第二十九军军长宋哲元的支持下，从各师挑选出了 300 名精壮士兵组成大刀队，副军长佟麟阁特请李尧臣到部队中去教授大刀技法。李尧臣根据大刀的特点创编出一种套路，取名为无极刀。经过精心设计的无极刀的长短与宝剑相仿，长约 1 米，刀面不像传统的砍刀那么宽，而是比剑柄略宽。传统的刀是一面开刃，而无极刀的刀头却是两面开刃，接近刀把的地方才是一面开刃。为了方便使力，无极刀的刀把长约 8 寸至 1 尺，可以两只手同时握刀砍向对方。无极刀的刀法在于，出刀刀身下垂，刀口朝自己，一刀撩起来，刀背磕开步枪，同时刀锋向前画弧，正好砍对手脖子。因为劈、砍是一个动作，对手来不及回防就已经中招了。

1937 年 7 月 8 日即七七事变第二天，日军大举进攻，占领了铁路桥。7

月11日，何基沣亲自挑选大刀队员，进袭刚刚失守的铁路桥。第二十九军常在战事呈现胶着时组织大刀队，实际上就是敢死队，大刀队并非常设。11日凌晨，吉星文团三营营长金振中率大刀队与另一个增援营一起出发。金振中后来回忆说：“在铁路桥激战时，19岁的大刀队员陈永一个人就砍死13名日本兵，生擒一个。那个日本兵魂飞魄散，跪地求饶。”

7月28日晨，日军2万余人在飞机、大炮配合下，向仅有7000兵力的第二十九军南苑军营发起了总攻。这些士兵里还有1500名学生兵。佟麟阁、赵登禹的撤兵计划竟被汉奸交给敌军。战斗很快变成无序，撤退总遇上埋伏的日军。当年的学生兵傅锡庆曾回忆说：“我们都亮出大刀和鬼子拼杀，一个鬼子向我刺来，我当时左手提着机枪，右手握着大刀，猛回头和鬼子打个照面，白光一闪，他枪刺已扎向我右肋，说时迟那时快，我抡圆大刀将鬼子斜肩带背砍死在地上，溅了我一身血。”

1937年作曲家麦新在创作抗日歌曲时，首先想到了第二十九军大刀队喜峰口杀敌的那场战斗。于是，一首鼓舞全国人民士气的经典歌曲《大刀进行曲》就此诞生了：“大刀向鬼子们的头上砍去！全国武装的弟兄们，抗战的一天来到了……”

随着抗日战争的全面展开，《大刀进行曲》中“二十九军的弟兄们”改成了“全国武装的弟兄们”。“大刀向鬼子们的头上砍去”成了一个民族在危亡中发出的呐喊。

杨云峰的大刀静静地躺在展柜里，似乎在向我们诉说当年的战斗。

张英秋

《国民救国军抗日血战史》

守护黑土地的英魂

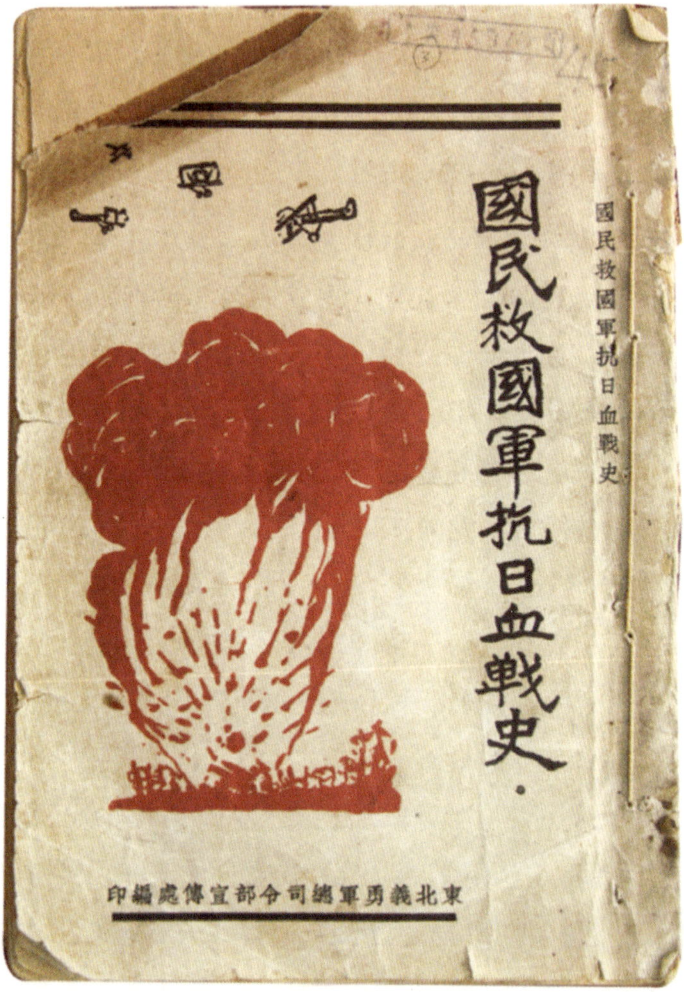

在中国人民抗日战争纪念馆馆藏文物中，有一本1933年11月由东北义勇军总司令部宣传处编印的《国民救国军抗日血战史》。它长15厘米、宽22.3厘米，这本书已经整体发黄，封面边角已有破损。书内真实地记录了国民救国军艰苦卓绝的抗战历程。

2013年9月16日，在东北抗联烈士成庆龙牺牲81周年祭日这一天，烈士之子、已经92岁高龄的成皓然，将家中珍藏了80年、记载其父抗日事迹和534名抗日烈士名册的《国民救国军抗日血战史》捐赠给了中国人民抗日战争纪念馆。

成庆龙是《国民救国军抗日血战史》中记载的534名抗日烈士名册中的第一位烈士。他原名成元佐，曾用名成长奎，1898年3月29日出生在原山东省黄县沟西成家村的一个农民家庭。其父在学堂教书，深懂医道，常为乡亲邻里看病，对子女管教严格。成庆龙为成家长子，有四个弟弟，一个妹妹。他上学时刻苦攻读，喜爱文史，对绘画有浓厚兴趣，在青少年时就画一手好画，常为邻里绘制年画。1915年成庆龙随亲友一起闯关东，先后在黑龙江省奇克县一家商店当店员、哈尔滨永远石印局当画图技工，在绥芬河稽查处任稽查员，又到直鲁联军任迫击炮营长。因军阀混战置外辱于不顾，把民众推向水深火热，成庆龙深感报国无门，毅然脱离旧军队，在奉天（沈阳）以绘画为生。

九一八事变后，成庆龙对于蒋介石的不抵抗政策极为不满，决心联络爱国志士，组织抗日队伍抗击日军。成庆龙变卖了自己的画作，把画款作为经费，与好友吴荫轩等一起联络有民族心、爱国志的同事和旧部起兵抗日。1931年9月，东北爱国人士在北平组织成立了“东北民众抗日救国会”“民众抗日后援会”。为取得组织上的支持和指导，成庆龙和吴荫轩等人于1932年3、4月间来到北平，向后援会会长朱庆澜将军汇报了组织抗日武装抗击日军的情况，得到他们极大的鼓励和支持，并委任成庆龙为国民救国军第十二路总指挥，吴荫轩为副总指挥。

成庆龙返回辽北抗日队伍后，及时与救国军司令王德林取得联系，被委任为第十二路别动队总指挥，吴荫轩、赵显一为副指挥。在抗击日军的战斗中，成庆龙面对兵力处于优势的敌寇，英勇无畏，智谋双全；治军纪律严明，作战十分勇猛，每次战斗均身先士卒，为全军做出表率；与辽吉义勇军配合密切，屡获战绩。

1932 年 9 月 12 日的《大公报》第三版以《救国军成庆龙等抗日经过一月大小十五战》为题，给予了详细报道：仅 7 月至 8 月间，先后攻克营口，进取黑山、饶阳河车站、北镇县、通辽、彰县等地，焚毁日军皇姑屯弹药库，破坏青堆子、白旗堡、沟帮子铁路，炸毁桥梁等，共击毙日军 470 余名，炸毁桥梁 3 座，破坏铁路 100 余里，击毁日军装甲车 3 辆，缴获步枪 567 支、机关枪 1 部、手榴弹 48 颗、轻机枪 5 架、迫击炮 17 门、山炮 2 门、炮弹 78 颗、手枪 29 支、机关炮 6 架。成庆龙这支国民救国军给日军以沉重打击，被视为心腹之患。为除掉他，日军曾在《盛京时报》画影像图，悬赏追杀。

1932 年 9 月，成庆龙带随员去吉林救国军司令部联系作战任务，在返回部队途中被汉奸告密，行至长春大荒地屯子时遭日军包围，突围未成，9 月 16 日成庆龙及随行人员全部英勇牺牲，时年 35 岁。

成庆龙牺牲后，家人并不知道，至 1933 年《国民救国军抗日血战史》印制好后，专门派人送去了这本书给成庆龙的妻子，家人才知道他已经牺牲了。七七事变爆发后，山东也成为日军的占领地，成庆龙妻子将此书收好埋到了院子里，直到日本投降后才取出。期间，这位默默付出的妻子，带着孩子艰难地生活，她因为思念丈夫，常常哭泣，居然哭瞎了双眼，但是对《国民救国军抗日血战史》这本书视若珍宝。几十年过去了，家人始终没有找到成庆龙的尸骨。这本书凝结着他们一家对成庆龙深深的怀念。1987 年，民政部门也是借助此书确认了成庆龙烈士的身份，颁发了烈士证。

李文华

抗战时期《义勇军进行曲》三版唱片

中国最强音

“起来，不愿做奴隶的人们……”《义勇军进行曲》，这首诞生于抗日战争时期的中华民族最强音，其传达的不屈精神与坚强意志不会磨灭，激励着每一位中华儿女，自强不息，抵御外辱。1949 年成为中华人民共和国国歌。

中国人民抗日战争纪念馆征集了多种版本的义勇军进行曲唱片，其中最为吸引人的，便是抗战时期录制的前三版《义勇军进行曲》唱片。了解唱片录制的过程，不禁把人的思绪拉到那个战火纷飞的年代。

上海百代唱片公司与《义勇军进行曲》第一版唱片

19 世纪 90 年代，留声机在欧洲较为广泛应用，同时也传入中国。1908 年法国人在上海成立了“上海百代唱片公司”，1914 年左右成立唱片制造公司，从此开始了中国的唱片制造业。1930 年，百代唱片公司被英国留声机公司收购，仍沿用百代之名，逐步成为中国唱片界的龙头。

1931 年，日本发动九一八事变，之后日军的铁蹄踏入中国东北。中国抗日救亡呼声日益高涨，在抗日救亡的紧要关头，聂耳、任光、冼星海、贺绿汀等著名音乐家都云集百代，不仅创作了大量救亡歌曲，还录制了众多影响广大的救亡歌曲。

1934 年，由左翼影人领导主持的上海电通影业公司成立，田汉为其写了名为《凤凰的再生》的文学剧本。但 1935 年 2 月，田汉被捕入狱，为了不耽误电影拍摄，电通公司请孙师毅把《凤凰的再生》改写成电影文学剧本，孙师毅征得田汉同意后，将影片改名为《风云儿女》，并将其中的主题歌词中的“冒着敌人的飞机大炮前进”改成了“冒着敌人的炮火前进”。此时，正准备去日本的聂耳得知主题歌需要谱曲后，被歌词震撼，主动请缨，到日本以后，完成了歌谱并寄回上海。此歌谱在 1935 年 5 月 10 日《中华日报》和 1935 年 6 月 1 日《电通画报》第二期上发表。

1935 年 5 月初，在吕骥、任光等音乐家的鼓励下，上海电通歌队的袁牧之、顾梦鹤、郑君里等演职人员演唱了此歌曲，贺绿汀请当时在上海百代唱片公司担任乐队指挥的苏联作曲家阿龙•阿甫夏洛莫夫配器。5 月 9 日，《义勇军进行曲》在上海百代唱片公司录音棚录制，24 日，电影《风云儿女》在上海北京东路 780 号金城大戏院（今黄浦剧场）首映。同年 7 月，首版《义勇军进行曲》唱片由百代唱片公司出版。

这首激发爱国热情，振奋民族精神的中国最强音很快传遍大江南北，长城内外。

首版《义勇军进行曲》唱片为黑胶材质，片号 34848，片芯标注袁牧之、顾梦鹤合唱。唱片制作精良，由小号奏出高昂的前奏曲，之后是袁牧之、顾梦鹤等激昂的歌声。

1935 年诞生的《义勇军进行曲》成为中华民族解放的号角，从诞生之日就广为流传，唱片这一音乐传播介质，起到了不可忽视的作用。上海百代唱片公司成为这首歌曲的首录之地。

在印度灌录的《义勇军进行曲》第二版唱片

1937年8月，日本发动八一三事变，中国军队开始淞沪抗战。11月12日，日军占领上海，唱片发行受到很大影响。

1939年9月，第二次世界大战爆发。英商运输生产唱片原材料的商船，经常遭到德国海军的袭击，由英国经营的上海百代唱片公司遇到极大的困难，特别是在生产方面。为寻找新的出路，从1939年9月至1941年12月，百代唱片公司将当时销路较好的唱片模板运到英国统治下的印度，继续在加尔各答压制生产。这批唱片模板包含大量的抗战救亡歌曲，其中《义勇军进行曲》就是其中之一。百代唱片的这一举措满足了国统区人民和东南亚爱国华侨的需要，同时也弥补了部分经济损失。

再版的《义勇军进行曲》唱片，唱片片芯与第一版原版唱片保持一致，只是字体大小略有不同，且下方用英文注明印度制造。

1941年太平洋战争爆发后，上海百代唱片公司被日本侵略者接管，并有“日本蓄音器株式会社”受托代管，继续使用“百代”牌号出版。

美国黑人歌唱家保罗·罗伯逊与《义勇军进行曲》第三版唱片

《义勇军进行曲》第三版唱片名为《起来》，1941年灌录出版于纽约，由美国黑人歌唱家保罗·罗伯逊用中、英两种语言演唱。

美国著名黑人歌唱家、社会活动家保罗·罗伯逊，1940年结识了因教唱抗战歌曲遭当局迫害的中国音乐家刘良模，从此，他与《义勇军进行曲》结下了不解之缘。

保罗·罗伯逊虽远在美国，但始终关注日本对中国的侵略，并在不同场合公开声讨日本的侵华战争，同情和支持中国抗日斗争，当他听了刘良模关于中国群众歌咏运动的情况介绍和演唱的几首中国革命歌曲后，便跟着刘良模一句一句用中文学唱《义勇军进行曲》，不久，在纽约露天音乐厅，罗伯逊用汉语演唱此曲，引起轰动。

1941年，经罗伯逊提议，与刘良模以及“华侨青年歌唱队”合作，在纽约出版了著名的英文版中国抗战歌曲专集，向全世界发行。

此套唱片名为《起来》（*Chee Lai:Songs of New China*），共三张，灌录了六首抗战救亡歌曲。其中《起来》（《义勇军进行曲》）片号为K520A，由保罗• 罗伯逊分别用中、英两种语言演唱。此外，还有《军民团结》（原名《军民合作》）《新凤阳歌》《锄头歌》（《锄头舞歌》）《游击队员之歌》（《到敌人后方去》）《中国军人之歌》等五首救亡歌曲。

唱片外套制作精细，精心设计。封面用中国军人与中国儿童合影的照片合成。中国军人怒目而视，手中无枪但身上挂满的手榴弹，表示中国军队虽武器装备落后，但表达了中国人不屈的精神；军人身后带着天真笑容的儿童，寓意着在军人的保护下，会有和平安宁的生活。

这套唱片由宋庆龄作序，并在封套的扉页上题词：“中国已经发生了新的民众歌唱运动，它源自抗击敌人的力量……”唱片版税及发行的收益捐赠给保卫中国同盟，表达了保罗•罗伯逊及美国人民对中国人民抗日战争的支持，是国际友人支援中国抗战的实证。

要秋霞

傅作义抗战时期使用的望远镜

百战不离

在中国人民抗日战争纪念馆陈列着一台大倍率蔡司双筒望远镜。这台望远镜是傅作义将军的遗物，是南京国民政府在绥远抗战胜利后奖励给他的。在参加的近 300 余次的对日作战中，在 18000 余里的转战征途中，傅作义将军一直携带着这台望远镜，随时用它观察敌情，了解战况。可以说，这台望远镜是见证傅作义将军辉煌成就的一件重要物证。

傅作义（1895—1974），字宜生，山西荣河人。1910年入太原陆军小学。1911年响应辛亥革命，在太原参加反清起义，任起义学生军排长。1915年入保定军校第五期步兵科学习。1924年后，相继任晋军第四旅第八团团长、第四师师长。1927年参加北伐。次年任第三集团军第五军团总指挥兼天津警备司令。1930年参加阎、冯反蒋战争，任津浦线总指挥，失败后进驻绥远。1931年任晋绥军第三十五军军长、绥远省政府主席等职。

傅作义为国家的利益和尊严所付出的努力，历史没有忘记。时间拉回到绥远抗战爆发前，日军为了控制处于战略要地的绥远，首先对绥远省主席傅作义采取了百般拉拢的手段，重金利诱傅作义脱离南京政府，主持亲日政权，建立“蒙疆共和国”，遭到傅作义的严词痛斥。

1936年11月，日本关东军和伪蒙军队分三路大军向绥远扑来。面对敌人的三路攻势，傅作义亲临前线指挥，奋起反抗。在军事会议上他动情地说道：“日军犯我绥远，是我全军将士的耻辱！岳飞38岁壮烈殉国，我已过了38岁，为抗日死而无怨。”虽然日伪军在大炮、装甲车和飞机的掩护下，攻击异常猛烈，但傅作义率守军英勇抗击，军民勠力同心，战斗情绪高涨，先是一举击溃侵犯绥东红格尔图之敌，接着又对敌人在绥远的战略要地百灵庙发动进攻。300里雪夜长途奇袭，最终全歼守敌，收复百灵庙，取得了百灵庙大捷。

百灵庙大捷后，傅作义集中绥军主力，追击敌伪残余。整个绥远抗战，历时数月，前后共歼灭和瓦解伪军1个步兵师、2个步兵旅和2个骑兵旅，收复了百灵庙、锡拉木楞庙等多处战略要点，肃清了绥远境内的伪军，挫败了日军西侵绥远，妄图建立“蒙古帝国”的阴谋，大大鼓舞了全国人民的爱国抗日热情。

绥远抗战是中国军队自1933年长城抗战以来取得的又一次完全胜利。在国内战事节节败退，军民抗战情绪低沉的形势下，极大地鼓舞了民众的抗战热情。绥远抗战胜利后，中国共产党领袖毛泽东给傅作义写了亲笔信，称其在“日军西侵，国难日亟”之际，统帅部队“捍卫边疆……跃然民族英雄之抱负，四万万人闻之，神为之王，气为之壮”。此外，毛泽东、朱德还曾致电傅作义，称绥远抗战是“全国抗战之先声”，称赞其英勇抗日的壮举是“为中华民族争一口气，为中国军人争一口气”。

抗日战争期间，傅作义还历任第七集团军总司令，第八、第十二战区副司令长官、司令长官，兼绥远省、察哈尔省政府主席，曾先后率部参加忻口会战、包头战役、绥西战役、五原战役。

1957 年，傅作义将此望远镜赠给在天津钢铁公司当工程师的弟弟傅作信。1998 年端午节，90 岁高龄的傅作信老人将珍藏多年的这台望远镜捐献给中国人民抗日战争纪念馆。

刘守华

一本日军士兵的“军队手牒”

侵华日军“身份证明”

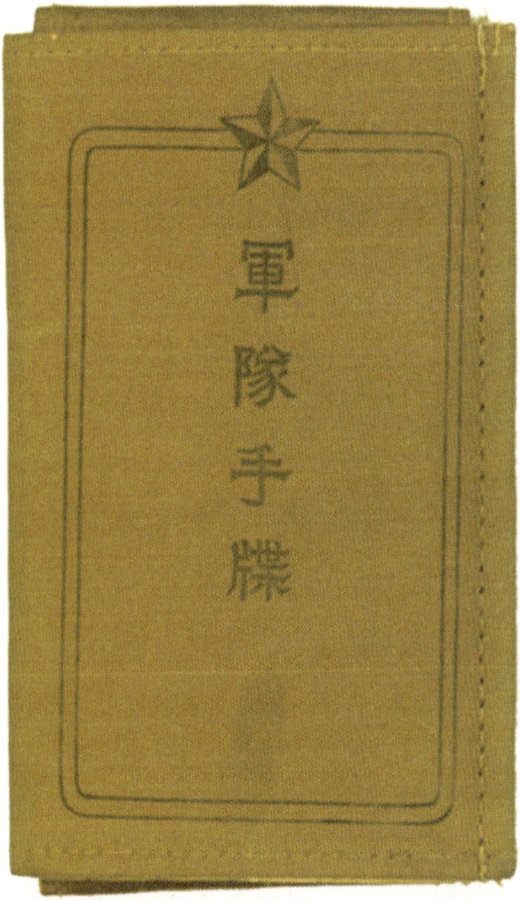

在中国人民抗日战争纪念馆里藏有一本日军军队手牒。手牒长12.5厘米，宽8.8厘米，外层为军绿色帆布，表面印有纵式“军队手牒”字样，字的上方印有五角星图案。手牒内为纸质，小64开纸张，内容为日军个人资料，实际上也是持有者的从军简历，在手牒背面有持有人签名。这件军队手牒含日军侵华信息，是对中国人民犯下不可磨灭罪行的实证。

军队手牒中印制有天皇敕谕、敕语等鼓动军队，极力宣扬军国主义思想的内容。1882年1月，日本政府以天皇名义颁布的《军人敕谕》，明确规定日本军人“尽忠节”“正礼仪”“尚勇武”“重信义”“归俭朴”，其中核心是“尽忠节”和“尚勇武”，对军人精神所应具有的武士德性提升到神圣责任感的高度，即“责任重于泰山，死亡轻于鸿毛”，要求军人必须具备以死效忠于天皇的“崇高”观念。日本政府企图通过这种思想模式对军人进行洗脑与控制，最终使军队全身心效忠天皇，执行天皇意志。

手牒内表格中详细填写了士兵的年龄、身高、籍贯、从军履历，在日记记录部分还手写记录了作战经历等详细信息。这本手牒主人名叫近藤勋，1916 年出生，日本冈山县人，步兵第十联队第七中队步兵上等兵。自 1936 年 12 月 1 日至 1939 年 10 月 20 日服役，随军侵略过中国多个地方。他在手牒中记录了“日本政府在 1936 年就下达了第一补充兵役命令，1937 年 7 月 27 日下达支那事变动员令后，我于 8 月 2 日应召入伍步兵第十联队第八中队”，由此得知七七事变前，日军就在积极备战，国内不断扩充兵源，补充兵役，并在七七事变后持续增兵发动全面侵华战争。1938 年 5 月 18 日，近藤勋正式随部队从日本广岛宇品港出发，于 23 日抵达中国青岛，不久后在 6 月 14 日参加了对鲁西地区的“扫荡”。他在一年多时间内多次随部队在我国华北地区对抗日根据地进行大“扫荡”，6 月 29 日在河南睢县患急性胃肠炎后住进日军归德野战预备医院，过了数月病愈出院。1938 年 12 月至 1939 年 1 月随部队进犯石家庄地区。1939 年 1 月 10 日至 5 月 31 日和 6 月 1 日至 8 月 31 日，参加了两期的“肃正作战”。当时中国人民抗日战争进入到了相持阶段，侵华日军以进攻中国共产党的敌后根据地为主，日军将大量军事力量集结在华北地区，妄图消灭华北地区八路军，华北地区中国军民的生存面临巨大的挑战。近藤勋最后在 1939 年 10 月 20 日从青岛出发回日本，解除兵役。

日军军队手牒作为日本军人身份证明的同时，也昭然地揭露了日本政府和日军在侵华期间犯下的滔天罪行，是日本发动侵华战争不可辩驳的罪证之一。

徐　源

佟麟阁使用过的砚台

儒将碧血映千秋

在中国人民抗日战争纪念馆的众多展品中，有一方颇为引人注目的端砚。这是一方随形砚，外形如同一把未全部打开的折扇。砚的通长为 15 厘米，宽为 8.5 厘米，高约 6 厘米。砚石质地黑润细腻，墨池四周雕以云朵图案，一条劲龙将头从云中探出，形象生动传神，呼之欲出。治砚的刀法沉稳但又不失轻灵，毫无矫揉造作之感。手持砚的一端轻扣砚底，石声清越。这方端砚还配有一个光漆的随形砚匣，色若古铜，砚与匣相互映衬，更显得端庄古朴，卓尔不凡。这方砚的主人，就是为保卫北京城而献出生命的抗日英雄佟麟阁将军。

佟麟阁（1892—1937），原名佟凌阁（因牺牲后报纸误写为“麟阁”，此后就沿用了下来），字捷三，河北省保定市高阳县人。佟麟阁从小跟随舅父

读书，16 岁在高阳县公署当缮写员，1912 年 20 岁时投笔从戎，习武之时也喜爱书法，并在军中大力提倡，号称“儒将”。此砚台是他 34 岁生日时，家人特意在广东专门定制，因为属龙，特嘱雕上一条龙，后佟麟阁一直携带使用。

在 20 世纪 30 年代日本侵华风起云涌之时，佟麟阁曾参加 1933 年 5 月冯玉祥在张家口组织的察哈尔抗日同盟军，任同盟军第一军军长兼代察省主席，领导对日作战，保卫察省，收复失地，同盟军失败后一度隐退。复出就任第二十九军副军长兼军训团团长后，佟麟阁曾对部下说：“中央如下令抗日，麟阁若不身先士卒者，君等可执往天安门前，挖我两眼，割我两耳。”七七事变爆发后，佟麟阁以副军长之职负责军事指挥，以军部名义向全军官兵发出命令：凡是日军进犯，坚决抵抗，誓与卢沟桥共存亡，不得后退一步。1937 年 7 月 28 日，日军向北平发动总攻，进犯南苑，第二十九军奋力抵抗，佟麟阁亲临前线英勇指挥。南苑是日军重兵进攻的主要方向，在敌密集炮火下，佟麟阁与第一三二师师长赵登禹誓死坚守，指挥部队英勇抗击，痛歼日军，受伤仍不下火线，不幸头部受重创，壮烈殉国，时年 45 岁。

佟麟阁将军是全民族抗战爆发后中国军队中捐躯疆场的第一位高级将领。1937 年 7 月 31 日，国民政府发布褒恤令，追封他为陆军上将。毛泽东对佟麟阁的献身精神也给予很高的评价：“佟麟阁等人无不给了全中国人以崇高伟大的模范。”1945 年为纪念抗日将领佟麟阁，将位于北京市西城区宣武门内的南沟沿大街，改为佟麟阁路。

1987 年中国人民抗日战争纪念馆落成之际，佟麟阁之女佟亦非将此砚捐赠给抗日战争纪念馆。

桂星星

北平南苑抗日纪念章与第二十九军军事训练团纪念章

学生兵抗战的见证

在中国人民抗日战争纪念馆中，珍藏着两枚硬币大小的纪念章，为国家一级文物。这是第二十九军军训团颁发的北平南苑抗日纪念章和第二十九军军事训练团纪念章。北平南苑抗日纪念章，直径3.1厘米，为蓝底红字，中间是“军训团”三个字，外围写着“北平南苑抗日纪念章”，“团长孙玉田赠”。此纪念章是特为表彰在南苑英勇作战的军训团学员所制。第二十九军军事训练团纪念章，直径3.5厘米，为蓝底，中间是“诚真正平”，外围写着“陆军第二十九军军事训练团纪念章”，背后的铭文是：“明礼仪知廉耻负责任守纪律”。该纪念章是在军训团毕业时，由团长过家芳颁发给学员的。这两枚纪念章的主人是第二十九军军训团学员赵振标，他曾随团参加南苑作战。

第二十九军军事训练团是宋哲元为培养军事干部而建立的军事学校，1936年6月成立，学员大多是北平城内大学、高中的学生，1937年1月正式开课，共有学员1500名。共分3个大队，每队有4个中队。军训团不仅学习军事技术，而且参加实战的演练。按照计划，军训团学员经过三年学习，充任第二十九军下级军官，以提高全军的素质和战斗力。这也是宋哲元抗日备战计划之一。另外，第二十九军军训团教育长张寿龄还专门创作第二十九军军训团团歌：“风云恶，陆将沉，狂澜婉转在军人，扶正气，砺精神，诚真正平树本根。锻炼体魄，涵养学问，胸中热血，掌中利刃，同心同德，报国雪耻，复兴民族振国魂！”从歌词中，可以反映第二十九军军训团是为报国雪耻而建立的。同时，第二十九军军事训练团纪念章中间“诚真正平”字样也是团歌歌词的写照和体现。

卢沟桥事变爆发后，面对日军大兵压境，中国守军第二十九军军事训练团的1500名学生兵主动请缨，参加了南苑保卫战。7月28日，日军进攻南苑。战斗到最激烈时，双方展开激烈的白刃战，第二十九军学生兵们毫不畏惧，亮出大刀，勇敢地冲锋陷阵和鬼子拼杀。据赵振标之子赵学增介绍，一场血战下来，军事训练团阵亡了近800人，占全团人数的一半以上。

1937年8月，军训团撤到河北固安整训，并补充学员，由时任团长孙玉田颁发给参加南苑作战的军训团学员北平南苑抗日纪念章，章的背后刻有名字和编号，这是学员参加南苑战斗的有力见证。随着第二十九军改为第七十七军，军训团改编为第七十七军军事训练团，团长由中共地下党员过家芳接任，1939 年军训团学员完成训练毕业。

1986 年，赵振标将这两枚纪念章捐赠给抗战馆筹委会。如今，这两枚纪念章依然在诉说着那段难忘的历史，我们从文物中也依然能感受到学生兵炽热的爱国情怀与坚强不屈的民族精神。

桂星星

一位战地记者镜头下的抗战

血战卢沟桥

这是一本1937年8月1日世界知识社发行的《世界知识》第6卷第10号，其中刊载了卢沟桥事变爆发后战地记者方大曾采访第二十九军前线阵地所撰写的著名长篇通讯——《卢沟桥抗战记》。这篇报道被中外媒体广泛采用，成为世界详细了解中国全民族抗战爆发的第一手资料，方大曾也成为报道卢沟桥事变的第一位中国新闻记者。

方大曾，原名方德曾，笔名小方，抗战时期杰出的战地记者，也是许多欧美报刊的供稿人。其作品大多反映当时的民风民俗、战事及社会变迁，在当时与范长江、徐盈等同负盛名，被后辈称为中国的罗伯特•卡帕。九一八事变后国难当头，方大曾以相机和文字为武器，为抗日救亡而奔走，留下了很多反映抗日题材的摄影作品，如《日军炮火下的宛平城》《奋勇杀敌的二十九军》等。1936年绥远抗战爆发时，方大曾到前线采访，活动于长城内外，从那时起，他以“小方”署名报道前线战事。1937年7月7日，日军发动七七事变，中国全民族抗战爆发，方大曾任中外新闻学社摄影记者及《大公报》战地特派员，在事变爆发后的第三天，即前往卢沟桥前线采访，写出第一篇报道卢沟桥事变的新闻通讯《卢沟桥抗战记》，并配以照片发表。方大曾在文中写道：

“记者在宛平县工作毕，即登卢沟桥西行，我军此时已在桥之西端，桥头满堆沙袋。守军盘问我，我说是从北平来的，他们很兴奋。又问我：日

國際政治經濟文化半月刊
世界知識
第六卷 第十號
華北
予侵略者以打擊
二十六年八月一日

本兵撤退了没有？我即据实告以并未撤退，且正在增援中。听了这消息之后，兵士们都感觉极愤恨。”

“我站在卢沟桥上浏览过一幅开朗的美景，令人眷恋，北面正浮起一片辽阔的白云，衬托着永定河岸的原野，伟大的卢沟桥也许将成为伟大的民族解放战争的发祥地了！”

“也许这篇通信到读者目中时更严重的局势又已展开着了，因为我实在没有法子相信，同时全中国的民众也都没有法子相信：这次事件又和过去一样造成万分耻辱的结果。假若忠勇抗战的二十九军从北平撤退了，而这样大量的日军被容许长驻在华北，那么华北不是就等于伪满和冀东一样了吗？”

他将这些见闻写进《卢沟桥抗战记》一文，成为当时全国军民了解抗战前线最直接的描述。并且他在文章中预言：伟大的卢沟桥也许将成为伟大的民族解放战争的发祥地。也就是从这个时候起，小方的名字开始受到人们的关注。

这篇记者亲历的文章，在第一时间，向读者详述了战事的轮廓和亲眼所见，与评论相得益彰，生动准确，是极其珍贵的历史资料，为抗日战争史，特别是七七事变的研究，提供了宝贵的佐证。

桂星星

蔡炳炎牺牲前的家信

家书映出报国志　山河共祭将军魂

在中国人民抗日战争纪念馆中陈列着两封家书，是一位将军在赴战场杀敌前写给爱妻的信。在这两封家书中，可以看出作为丈夫的柔情，饱含了对爱妻的牵挂；可以看出作为父亲的慈爱，饱含了对子女的关心；更可以看出一位中国军人在外敌入侵时，对祖国的忠诚！让人没有想到的是将军的最后两封家信竟然成为了最后的遗言！家书寄出后第 4 天，将军血洒疆场，为国捐躯！写信人是蔡炳炎将军。

蔡炳炎，字絜宜，安徽合肥人，1902 年出生。1924 年黄埔军校创办，蔡炳炎闻讯后喜出望外，长途跋涉到广州参加考试，成为军校第一期学员。1937 年淞沪抗战爆发后，时任国民革命军第十八军第六十七师第一一〇旅少将旅长的蔡炳炎，主动上书请缨，誓死保卫祖国领土。不日，蔡炳炎随第十八军开赴淞沪战场，率所部扼守罗店一线阵地。罗店是距离上海不远的海边小镇，是极富战略意义的据点，守住罗店就是守住了苏州和上海的门户。淞沪会战中，中日双方对罗店都极为重视，所以罗店争夺战最为激烈，有“血肉磨坊”之称。

日军多次正面进攻罗店不能得逞，连遭沉重打击后，遂派第十一师团从川沙口登陆，占领陆家宅、沈宅一线，企图从侧背包抄罗店，以威胁上海守军。为消除日军对上海守军侧背的威胁，蔡炳炎率部夜袭陆家宅。全旅将士在蔡炳炎的指挥下勇猛冲杀，歼守敌一个中队，攻下陆家宅。8月 26 日，日

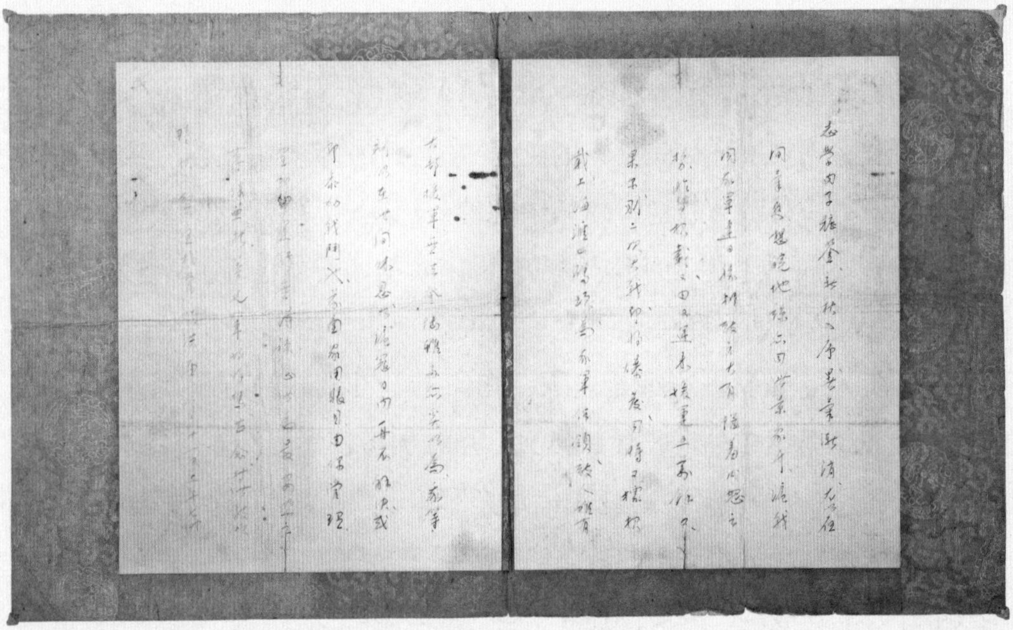

军大批增援部队赶到，在飞机、大炮和装甲车的掩护下，向我军阵地发起猛烈攻击。蔡炳炎指挥所部将士冒着日军的猛烈炮火顽强抗击，伤亡惨重。此时的蔡炳炎振臂高呼：“吾辈只有两条路，敌生，我死！我生，敌死！”并传令“本旅将士誓与阵地共存亡，前进者生，后退者死，其各禀遵”，最后他亲率一营，奋不顾身地向日军阵地突击。激战中，他不幸身中数弹倒下，仍然用手势指挥将士们前进，直到双目闭上为止。

张治中很熟悉蔡炳炎，当他突闻蔡炳炎在罗店阵亡的消息，不由悲痛，作词《满庭芳•缅怀蔡炳炎》一首，寄托哀思。词中写道：寡言少语，忠厚老实，离乡从军，纵马横刀十余年，尽心尽职。淞沪战役挺身出，高举抗日救国旗。罗店战身先士卒，功德传后世。

蔡炳炎将军殉国后，国民政府追赠其为陆军中将。蔡炳炎灵柩运往安庆时，沿途苏州、南京、芜湖等地的各界人士皆为之举行公祭。12月下旬，灵柩运回合肥故里下葬。

“抗战军兴，御敌淞沪，身先士卒，为国捐躯，寰宇重光，弥远忠烈，应予明令褒扬”。这是1947年5月10日，国民政府以2821号公报发布的对蔡炳炎的褒扬令。1985年4月，在纪念抗日战争胜利40周年之际，安徽省人民政府追认蔡炳炎为革命烈士。

1987年6月，居住在美国的蔡将军夫人赵志学女士将这两封珍藏了50年的家书并同将军使用过的钢笔一起捐赠给中国人民抗日战争纪念馆。

要秋霞

八百壮士纪念章
孤军守四行

这五枚纪念章被评为国家一级文物，它们分别是：“四行孤军工务社证章”1枚，反面编号为33；“谢团长纪念像”1枚，反面编号为No109；“忠贞奖章”2枚，反面编号分别为No0052，No002；“忠党卫国”纪念章1枚，印有“全国慰劳总会敬赠”字样。这五枚纪念章，前后相关，完整反映了著名的“八百壮士”的故事。

“八百壮士”是1937年淞沪抗战中涌现出的一个英雄群体。属国民革命军第八十八师五二四团一营，实际人数420人左右。1937年10月26日，掩护大部队撤退后为保住闸北的最后一块阵地，第八十八师五二四团团副谢晋元奉命率领一部死守苏州河畔的四行仓库。数百铁血战士，激战四昼夜，以寡敌众抗击日军上万人，击退日军十余次进攻，毙敌200余人。他们威震敌胆，誉满中外，被誉为“八百壮士”。

四行仓库位于苏州河北岸，与公共租界相邻。它是金城银行、大陆银行、盐业银行、中南银行共同投资的四行储蓄仓库。整个建筑系水泥钢骨铸成，非常坚固，易守难攻。“八百壮士”们为了表示抗敌的决心，将写好的遗书及物品集中起来，准备与日军血战到底，与阵地共存亡。27日中午，日军开始从西面的交通银行方向向四行仓库逼近，当即遭外围阵地守军顽强抗击。随后，日军纠集兵力再次扑向外围阵地，外围守军进行英勇抵抗后，退入仓库。日军占领外围阵地后，立即猛攻仓库大门。日军兵力几倍于守军，

四行孤軍

謝團長紀念像
孤軍營敬製

忠党·衛國

但“八百壮士”沉着应战，全楼火力一齐射击，使日军受到重大伤亡，而不能越雷池一步。

30日，日军向仓库发起总攻。战斗从上午7时开始，一直持续到午夜。早已置生死于度外的勇士们，众志成城，凭坚固守，日本侵略军徒唤奈何。日军虽有飞机，但不敢投弹；虽有大炮，却不敢轰击。因为仓库附近就是公共租界，若流弹落入租界地区，就会引起国际争端，他们只好望楼兴叹。直逼得屡战屡败的日军恼羞成怒，枪林弹雨，隆隆之声，不绝于耳。日军还用汽油浇洒，将四行仓库周围烧成火海一片，熊熊大火，映红天空。“八百壮士”在四行仓库与日军血战四昼夜，歼敌200余名，自己仅伤亡30余人，胜利完成任务。

30日，谢晋元奉命撤入租界，原商定经沪西返回部队参战，但租界工部局却屈服于日军压力，违背诺言，解除了将士们的武装，将他们扣留在胶州路一块空地上，英勇抗敌的壮士们，成了名副其实的“孤军营”。身处逆境的“八百壮士”并没有动摇誓死抗日的信念，谢晋元慷慨激昂的动员令：“现在我们已成孤军，四行仓库是我们中华民族的领土，我们一定要捍卫它，哪怕只剩一人一枪一弹，也要坚持到底，与阵地共存亡！”“八百壮士”的士气感天动地，他们异口同声高喊：“死守！”喊出了舍身报国的豪情万丈。他们在谢晋元率领下，仍然过着严格的军营生活，坚持早操、值勤、站岗，每天举行精神升旗典礼表达了他们对国家和民族的无限忠诚。

被监禁的时间在无限期延长，抗日战场上的中国军队又连连失利，有时基本的军饷都供应不上，孤军营中的苦闷情绪越来越重。蒋介石一次次发电报，让谢晋元和孤军们一定要艰苦奋斗，坚守孤军营。1938年，谢晋元为了让战士们学得一技之长，将来能参加祖国的建设事业，在孤军营创办了孤军学校，成立了“工务社”。“工务社”主要从事肥皂、袜子、毛巾、筐子、藤椅的生产与经营。生产所需的原料、材料都是上海爱国工商者廉价供应的。比如织袜所用的棉纱就是荣毅仁先生提供的。当时“孤军营”的战士不仅生产还要推销自己的产品，他们给自己生产的产品起了一个响亮的牌子“孤军牌”，并以“钢盔加刺刀”为产品商标。结算时在产品上加盖“工务社”制造的专用章。印章上面有四行仓库的图案，后按照“工务社”的专用章样式制成了“四行孤军工务社证章”。上海百姓纷纷购买孤军营生产的产品。当时“孤军牌”的产品以独特的魅力，风靡上海滩。

1940 年 3 月，汪精卫伪国民政府在南京正式成立，他派人以陆军总司令的高官向谢晋元诱降，谢晋元把委任状撕得粉碎。他说：“我父母都是中国人，生下我这个儿子也是中国人，中国人绝不当外国人的走狗。”1941 年 4 月 24 日，谢晋元和以往一样率领官兵早操，但这一天突然有 4 个士兵迟到了。谢晋元问他们为什么迟到，没有想到这 4 个士兵突然拔出匕首行刺。谢晋元身中数刀，流血不止，下午 6 时悲壮长逝。那一年，他 37 岁。4 个凶手当场被擒，后交代是汪伪政府收买所为。谢晋元遇害身亡，“八百壮士”无限悲痛，孤军营官兵一致议决铸造了这枚铜像，人手一枚佩戴在胸前，以纪念这位值得尊敬的英雄。

1941 年 12 月 8 日，日本突袭珍珠港，太平洋战争爆发，租界不再是安全岛。困守 4 年有余的孤军沦为日军的战俘。日军将他们押送到宝山月浦机场，以后又转送到“龙华游民习艺所”挖沟、护铁路，然后又转到南京第一监狱，受尽日军的折磨。1944 年，一部分“八百壮士”幸存者从日军的魔掌中逃出，陆续到达重庆。国民政府为了表彰这些爱国勇士，特意制发了“忠贞奖章”。

“八百壮士”孤军抗战的事迹传遍祖国大地，受到全国人民的爱戴和敬仰，国民政府全国慰劳总会敬赠了“忠党卫国”纪念章。1938 年 8 月 13 日，中国共产党在机关刊物《群众》上发表了题为《纪念八·一三周年》的社论，特向“八百壮士”表示崇高的敬意和诚挚的慰问。

全面侵华战争之初，日军叫嚣“三个月灭亡中国”。他们没有想到，仅在上海一地，就遭到了中国军队的奋起抵抗，在淞沪会战这场长达三个月、规模空前的鏖战中，中国军人抵抗异常坚决，虽伤亡惨烈，但给日军造成了重创，粉碎了“三个月灭亡中国”的迷梦。而“八百壮士”固守四行更是中华民族顽强斗志的象征。

1991年，湖北省咸宁师专历史系社会调查组学生在老师丁一的带领下，对湖北省通州籍的“八百壮士”进行了调查访问。在调查中发现了这五枚有关“八百壮士”珍贵的纪念章，捐献给了中国人民抗日战争纪念馆。

李文华

通信战线抗战夫妻的家信和照片

“在与日寇奋斗着”

在中国人民抗日战争纪念馆中，珍藏着一封八路军无线电第一大队第四中队长兼晋察冀军区无线电队长钟夫翔写给父母的信，以及一张其妻晋察冀军区司令部报务员李田征清点缴获日军通信器材等战利品的原版老照片。如今，家书纸张已泛黄，且布满破洞，但字迹依稀可辨；照片保存完好。这两件文物是抗战时期通信战线上夫妻抗战的重要见证。

钟夫翔，广西玉林北流人，中国共产党党和军队通信事业的创建者之一，特别是在开辟晋察冀根据地和华北解放区的军事通信中，作出了重要贡献。

1930 年 2 月，钟夫翔参加中国共产党领导的龙州起义，同年加入中国共产党。1934 年 10 月随中央红军参加长征，先后任军委无线电三十分队队长兼政委，军委二局科员。到达陕北后，曾任红二十八军无线电台队长兼政委，八路军第一一五师三四三旅电台队长，出色地完成了通信任务。1937 年 9 月至 1942 年 9 月，先后任晋察冀军区电台中队长、八军无线电一大队第四中队队长、晋察冀军区司令部三科科长兼无线电大队长、晋察冀军区通信联络处处长、华北军区司令部三处处长等职。

钟夫翔在这封家书这样写道：“在一月以前已寄回一函，谅已收到，但未接来函甚念。现在我尚在与日军奋斗着，一切甚佳，勿念。接信及一切望赐示，仅祝健安。”家信表现了抗战通信战士的勇敢及对父母的牵挂。信中，

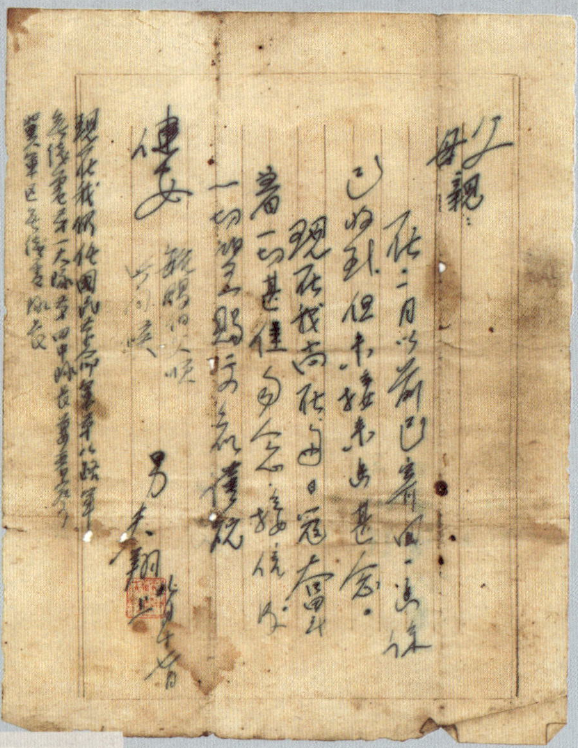

父
母亲：
我二月六日前已寄回一函谅已收到，但未接来函甚念。[illegible]

健安

[illegible]

“奋斗”二字表达了一位战士对祖国的热爱，展现了为中华民族解放事业抛头颅、洒热血的一种激情和豪迈，也饱含着一颗拳拳赤子之心。“健安”二字，是无数中国人对父母最质朴的祝愿，也正是为此，为了保家卫国，他们可以奋不顾身地勇往直前。信中的寥寥数语，能让人感受到战斗的紧张与激烈，联想到战士几乎没有多余的时间来写下对父母更多的思念和牵挂。简短的话语，让人感受到了他们身上舍小我成大我的精神品质。

抗战时期，钟夫翔之妻李田征也在晋察冀军区通信联络处工作，并在通信战线发挥着自己的光和热。她清理缴获日军通信器材等战利品的照片是抗战时期的军事通信工作的一个缩影，也成为晋察冀根据地军民英勇打击日军的重要见证。

钟夫翔、李田征夫妻两人共赴国难，谱写了生动感人的战斗历史。如今，这两件文物是夫妻抗战的共同见证。透过它们，看到了那个年代充满信仰的人们，感受到他们的家国情怀。2015 年中国人民抗日战争胜利 70 周年之际，钟夫翔之子钟嘉飞将这两件文物捐赠给中国人民抗日战争纪念馆。

桂星星

一封刻写在灯柜上的抗战家书

永不消逝的嘱托

“抗战到底，始终不渝，即敌军一日不退出国境，川军则一日誓不还乡！”这是1938年1月20日第七战区司令长官刘湘在汉口万国医院去世时留下的遗嘱。很长一段时间里，川军领袖刘湘的这句遗嘱，在前线川军官兵每天升旗时都同声诵读一遍。这句铮铮誓言鼓舞了无数出川抗战的将士奋勇杀敌，血洒疆场。

在中国人民抗日战争纪念馆，还保存着第七战区长官部参谋长傅常将军一封特别的“遗书”。遗书雕刻在一个褐色的灯柜（床头柜）上，灯柜高80厘米，顶面46厘米见方。灯柜顶面的四角各刻有“福”字，顶面中部虽已开裂，然而上面刻写的字迹却历历在目：“余奉命出川参加抗日战争，将奔赴前线，希汝等勿忘国难，努力学习，强我中华”，落款是“民国二十六年岁属丁丑八月　傅常”，旁边还刻有“傅常”印章。灯柜门的左上和左下角也各刻有“福”字，居中刻有“勿忘国难，努力学习，强我中华”，落款为“傅常”，并刻有“傅常”印章。

这是川军参谋长傅常将军出征前写给妻子的家书，亦是预立的遗书。今天能够看到灯柜上傅常将军的遗书，归功于一位坚韧顽强的女性——傅常将军的妻子！将军出征后，妻子找来工匠，将这封丈夫出征前写的家书按照丈夫笔体原样雕刻在灯柜上，一是教育后人报效国家；二是为能长久地保存这封家书。把丈夫留下的书信固定在灯柜上，让家书随灯柜陪伴自

勿忘國難
努力學習
強我中華

己，陪伴儿女，流传下去！

1937年七七事变爆发，刘湘通电请缨，吁请一致抗日。8月7日，刘湘飞赴南京参加国防会议，力主抗战。他表示："抗战，四川可出兵三十万，供给壮丁五百万，供给粮食若干万石。"8月20日，刘湘任第二预备军司令长官，邓锡侯为副司令长官。8月25日，刘湘发布《告川康军民书》，号召四川军民为抗战作巨大牺牲："全国抗战已经发动时期，四川人民所应负担之责任，较其他各省尤为重大！"9月1日，第二预备军第一纵队先头部队出川抗战。9月5日，四川省抗敌后援会在成都市少城公园（今人民公园）举行约万人参加的各界民众欢送出川抗敌将士大会，第一纵队司令兼第四十五军军长邓锡侯在会上发表了慷慨激昂的讲演："川军出川抗战，战而胜，凯旋而归；战如不胜，决心裹尸以还！"他还说："我们是踏着先烈们的血迹前进的，后方的人民，要勇敢地踏着我们的血迹而来。前赴后继，一定能战胜敌人！"

邓锡侯的一番激情壮语，使在场的将士热血沸腾，人人振奋。许多出川抗战的官兵都预立遗嘱，誓死报国。川军参谋长傅常也挥笔给自己的妻儿留下家信一封，权当遗书。面对亡国灭种的危机，他毫不犹豫接受命令，毅然奔赴抗日前线。

10月26日，刘湘任第七战区司令长官，傅常任第七战区长官部中将参谋长，负责督师抗战。1938年刘湘病死，傅常调任军事委员会重庆行辕参谋长。

在抗日战争的烽火中，川军将士用自己对民族的忠诚、用自己的热血和生命，向世人展现了中华民族不畏强暴、勇御外侮的铮铮铁骨。川军先后参加了包括淞沪会战、太原会战、徐州会战、武汉会战和长沙会战在内的几乎所有重要战役，为中华民族的独立和解放事业作出了巨大贡献。除川军领袖刘湘病死前线，多位川军高级将领以身殉国：1937年广德之战，第二十一军一四五师师长饶国华自戕殉国；1938年徐州会战，第四十一军一二二师师长王铭章滕县阵亡；1943 年常德会战，第四十四军一五〇师师长许国璋以身殉职；1944 年豫中会战，第三十六集团军总司令李家钰壮烈捐躯……国民政府军政部长何应钦在《八年抗日之经过》一书中记载：抗战八年中，四川（包括西康省及特种部队和军事学校征的 10 万余人）提供了近 300 万的兵源充实前线部队，占全国同期实征壮丁 1405 万余人的五分之一还强。

如今，傅常将军夫妇均已谢世，这封家书的原件也已湮没无寻，然而刻有家书的灯柜历经磨难仍然保存了下来。2010 年 9 月 15 日，傅常之孙傅尧将此灯柜捐赠给中国人民抗日战争纪念馆，后被评为国家一级文物。它是中国人民抵抗侵略、奔赴国难的历史见证，必将激励一代代中华儿女自强不息，振兴中华。

陈　亮

台湾报人李纯青的衣帽

从工业看日本侵略

这件白色粗布西式上衣和这顶深灰色毡帽，看似普普通通，却承载了台湾爱国报人李纯青一段不平凡的抗日往事。

李纯青生于1908年，从小就在饱受日本殖民者欺凌的祖父与父亲的教诲下，懂得了一个简单却极其深刻的道理，那就是“人，不能没有祖国”。1929年，李纯青考入上海大陆大学读书。1934年8月，他加入中国共产党，次年冒着生命危险回到台湾，为准备研究敌情而刻苦补习日语。1936年2月他留学日本，当时日本的好战分子发动了二二六兵变，日本岛上顿时弥漫着浓烈的火药味，全面侵华战争一触即发。为了抓紧时间了解日本，有效地抗击日军，李纯青一开始便全力研究日本问题，经常彻夜不眠。

1937年震惊中外的卢沟桥事变爆发了，身处异国他乡的他心系祖国的命运，毅然踏上由东京开往香港的“十三港皇后”轮，继而辗转来到上海。“船驶到吴淞口，等候领港，只见暗黄色的疲沓的海水，无可奈何地驮着四五艘深灰色的日本驱逐舰，慢条斯理地从海上对陆地发射文明炮，炮弹落处腾起一股黑白浓烟，完全不见还手。敌人在进行着‘舒服的战争’，一幅落后挨打的图景挂在天海之间。”从李纯青写的这段回忆中可以想象，一支红身黄帽的派克笔是怎样地在他手指间剧烈抖动着，隔了许多年的愤怒似乎没有稍减。

回国后，经范长江、陈乃昌介绍，并通过日语口试，李纯青被上海《大

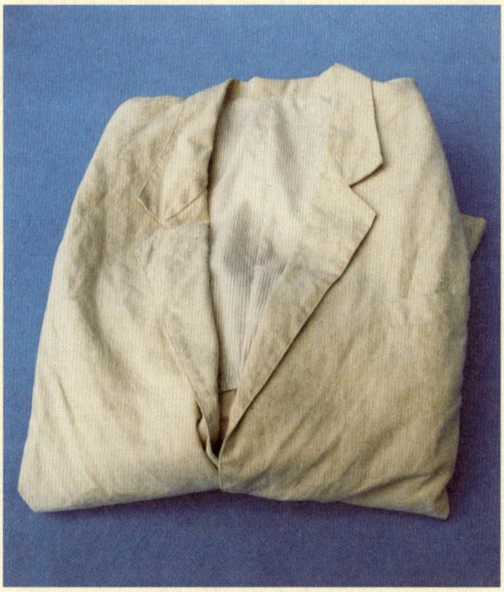

公报》聘为日文翻译。他的第一篇文章《日本兵为谁而战》，便是通过翻译一封来自日本士兵尸体口袋中的日文书信而引发的。文章中他用马列主义辩证唯物论的观点和方法，客观地分析了日本国情，旨在暴露敌人的黑暗与弱点。1938 年 5 月，李纯青转到香港《大公报》工作。1941 年 4 月又转到重庆《大公报》，一直担任主笔。为了利用颇有影响的《大公报》为中华民族的解放事业服务，李纯青忘我地工作着，“每天晚上，我伏案写稿，半夜发排，清晨见报，12 个小时后，立即传播到全世界，其速度其效能是显见的。”

抗日战争期间，李纯青写了大量文章分析日本工业，宣传抗日。他认为，“若不了解日本工业，便不可能了解近代和现代日本。现代工业是现代日本的社会基础，日本已经是工业化国家，了解它的工业，是了解这个国家的钥匙。”李纯青透过日本轻、重工业所占的比重，发现了日本工业由轻工业走向重工业的总趋势，透过日本粮食、棉花产需的巨大差额和发展重工业所必需的煤、铁等资源的严重匮乏，曾大胆断言，日本帝国主义侵略他国，都是基于掠夺资源，而绝非大言炎炎的“为天皇圣战”这句用来愚弄欺骗日本人民的鬼话。就连太平洋战争爆发前夕，日本没有采用“如探囊取物般容易的北进”方针，而是向南侵略，其目的也无非是想得到南洋的石油和煤、铁等。

日本没有石油。有位日本地质学家曾说，如果能在日本发现石油，我可以把它一口喝干。可是作为现代战争的动力，石油的作用之大可想而知。当时李纯青通过各种信息得知，仅 1938 年，印尼生产石油 739 万吨，荷属婆罗洲生产石油 91 万吨，两地一年所产石油，就足够日本两年之用。李纯青是最早提出“日军南进”的人之一，他的这一准确判断对有关当局的抗日决策起了一定的作用。李纯青认为，石油是日军“南进”的最大动机，除此之外，南洋的橡胶、锡、大米、糖、可可、奎宁等，都使日本侵略者垂涎欲滴。他说：“南进的利益如此之大，北进不可与之同日而语，就经济而言，孰去孰从，无待龟耆。”

同时，李纯青还通过日本的工业状况研究日本的战争力量。1939 年 6 月 10 日，他写了《日本的航空工业与空军》，十分务实地讨论了日本航空工业的落后状况，并推断：“日本空军现在对于中国有优势，我相信，而且很科学地相信，明天的日本飞机，将尽是鸷鸟之疾，至于毁折。”没过几年，李纯青的话就在侵华魔头冈村宁次的身上应验了——1944 年 9 月，冈村宁次从北京到武汉日军第六方面军司令部赴任，由于日军丧失了制空权而不敢乘飞机直飞汉口，只好先乘火车到南京，然后利用早晨中美空军还未出动的一段短暂时间，沿长江上空偷偷摸摸地飞抵武汉……

“自有生民怀故国，不堪遗老话前朝”，当年台北桥头的这副对联，正是李纯青矢志爱国抗日的生动体现。

陶武亮

《保卫卢沟桥》和《卢沟桥》话剧剧本
文艺界抗战的呐喊

中国人民抗日战争纪念馆馆藏的两部话剧剧本——《保卫卢沟桥》和《卢沟桥》，是描写和反映七七卢沟桥抗战的重要文物。

《保卫卢沟桥》话剧是在七七事变爆发后，上海文艺界的中国剧作者协会集体创作的三幕剧。当时参加集体创作的作家和艺术家就有 20 多位，集中了当时文艺界精英。剧本由崔嵬、张季纯、马彦祥等 17 人执笔编写，冼星海、周巍峙等谱写歌曲，由夏衍、郑伯奇、张庚、孙师毅 4 人整理。创作在几十个小时之内完成，创造了话剧史上的一个奇迹。

它是一部大型三幕话剧，由三个连续的独幕剧组成：第一幕“暴风雨的前夜”，描写卢沟桥畔一个茶店内，日军屡次蛮横演习，中国民众饱受欺辱。第二幕“卢沟桥是我们的坟墓”，在卢沟桥附近的土地庙内，日军借口挑衅，第二十九军作自卫战。第三幕“全民的抗战”，在宛平县十字街头，民族自卫战发生，军民合作，各地慰劳代表群集，宣誓抗战决心。

8 月 7 日，《保卫卢沟桥》在上海蓬莱大戏院首演，立即轰动全国。《保卫卢沟桥》的创作与演出，是中国戏剧阵线的战斗宣言。当时上海《申报》载文评论此剧是“一颗掷向民众深处的爆烈弹，猛烈地激动每一个观众的神经，沸腾他们的热血”。蓬莱大戏院内外响彻“保卫卢沟桥”的口号声。

《卢沟桥》话剧是由著名剧作家田汉创作的。1937 年 7 月 16 日，南京新闻记者协会拜访剧作家田汉，请他写一部话剧，以慰劳前方抗日将士。田汉立即应允，当晚就动笔写作，取名《卢沟桥》。他还请著名导演洪深、马彦

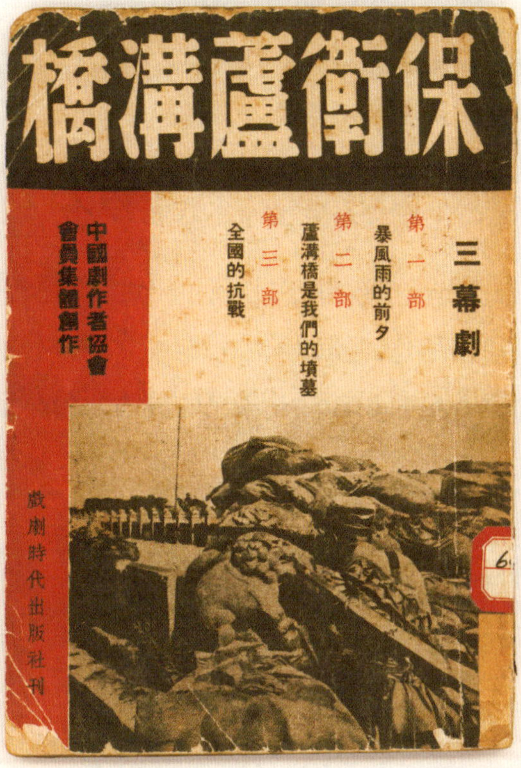
保衛盧溝橋
三幕劇
第一部
暴風雨的前夕
第二部
盧溝橋是我們的墳墓
第三部
全國的抗戰
中國劇作者協會
會員集體創作
戲劇時代出版社刊

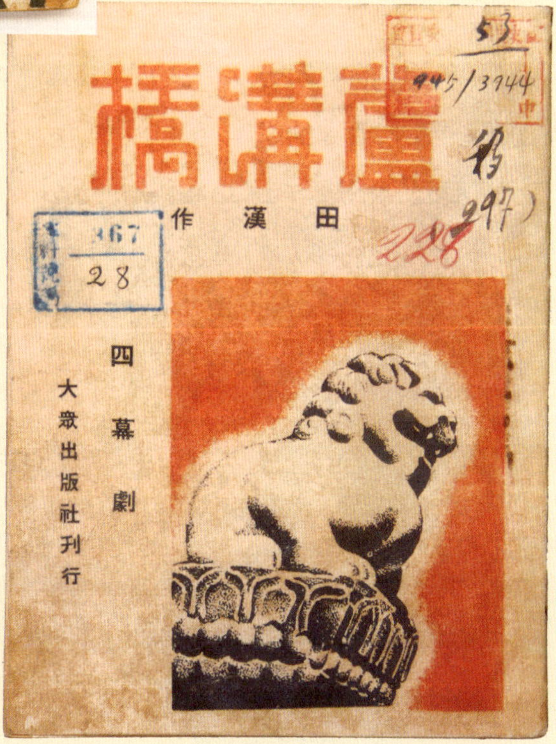
盧溝橋
田漢作
四幕劇
大衆出版社刊行

祥等人导演，邀请一些著名演员参加演出。

8月的南京酷暑难耐，田汉夜以继日地赶写剧本，常在灯下挥汗如雨。剧中的插曲都由张曙作曲，他采用老百姓熟悉的民歌曲调，谱写了《好大刀》《卢沟桥》等歌曲。这些歌曲在话剧公演之前，已经陆续发表，很快传遍南京，为话剧的上演营造氛围。

8月9日，话剧《卢沟桥》在南京大华电影院首次公演。田汉和导演洪深都亲自登场，张曙和冼星海也上台扮演角色。虽然剧中没有中心情节和主要人物，有的只是一个个充满激情的群众场面和一首首激昂的救亡歌曲，但整个演出以激情取胜。演员中除了从上海请来的明星胡萍、王莹外，其他都由南京的新闻记者们担任。

这种激情的演出在当时是受到限制的，因为当局正在与日方交涉，“主战”还是“主降”尚在犹豫中。所以开幕前一群特务突然前来阻止演出，全场观众为之哗然。洪深先生当即跑到前台，与特务们据理力争，在广大观众的大力支持下，《卢沟桥》终于得以演出。尽管天气炎热，但是场内座无虚席。刚出狱的救国会“七君子”成为全场的焦点。观众们纷纷前来感受抗日御侮、保家卫国的氛围。

《保卫卢沟桥》与《卢沟桥》两部话剧均是在全民族抗战爆发后积极创作，并在上海、南京两地分别先后首演，掀起了民众抗战爱国的热潮。两部话剧积极呼应，相得益彰，是文艺界在民族危急存亡之际发出的抗战呐喊。

任建玲

摄影家沙飞与他的牛皮挎包

人在底片在

中国人民抗日战争纪念馆收藏一件非常珍贵的文物——抗日战争时期任华北军区政治部书报社主任沙飞用过的牛皮挎包。这只牛皮挎包伴随着沙飞无数个日日夜夜，是他抗战生活的真实写照。在民族危亡的时刻，沙飞选择将摄影作为终生事业，立志做一名战地摄影记者，他要用手中的相机见证历史、记录历史。他拍摄了数以千计的摄影作品，全景式地展现了晋察冀根据地的方方面面，为新闻摄影事业作出了卓越贡献。

沙飞刚一参军就赶上平型关大捷，便立刻赶赴平型关搜集资料和采访，拍摄到了《缴获日军的战利品之一部》《缴获日军九二步兵炮》《缴获的日军电台》《缴获的日军汽车之一部》等珍贵照片。1938 年 6 月，白求恩率领医疗队从延安来到晋察冀军区司令部驻地，正在住院的沙飞顾不上治疗就去拍摄。白求恩医生除每天做手术、开处方外，还亲自设计图纸，指挥木工制作医疗器具。沙飞成了这里的常客。白求恩医生那种崇高的国际主义精神，高超的医术和敬业精神深深地感动着沙飞。沙飞经常用并不流畅的英文与白求恩交流。他们很自然地谈论摄影，在战场上使用哪种相机效果最佳，战地摄影与一般摄影的区别，怎样摄影又快又清楚等。沙飞发现，白求恩医生不仅是一位出色的胸外科专家，还多才多艺，喜欢摄影、文学、绘画，他来中国前还买了一个新型的带有柯达镜头的莱丁娜照相机，后来白求恩逝世前留遗嘱将这架照相机赠送给了沙飞。

1942 年，为了让边区军民早日看到第一本《晋察冀画报》，沙飞提出了要在“七七”拿出画报、为抗战五周年纪念日献礼的口号。全社同志紧急动员起来，以冲锋陷阵的姿态投入了紧张的战斗。沙飞亲自参加第一期画报的选稿编辑工作。有些内容缺少，他就马上组织记者或亲自去拍摄。因为时间紧、任务重，生活又非常艰苦，沙飞累得咯血，但他怕影响着大家的情绪，一直都不告诉别人。7月1日，沙飞带领画报社的工作人员装订出第一本《晋察冀画报》创刊号，向党献礼，并于7月7日又把1000本画报全部装订出来，为抗战五周年纪念日献礼。聂荣臻元帅后来在《聂荣臻回忆录》中给予《晋察冀画报》很高的评价。他写道：“《晋察冀画报》既朴素、又美观，办得很出色，在山沟沟里，能够出版这样的画报，曾使许多外国人深感惊讶！”

沙飞随部队参加百团大战，拍了不少照片。后来聂荣臻司令员怕他在前线出危险，去电要沙飞随司令部行动。事有凑巧，沙飞刚刚回到司令部，就亲眼见到了聂荣臻照顾日本小姑娘，很敏锐地用相机拍摄下来。当聂荣臻准备将救下的日本小姑娘送还敌方时，沙飞又及时地拍下了很多珍贵的照片。他对部下说：“这些照片现在可能没有什么作用，等几十年后发到日本，可能会发生作用。”作为一个记者，能预料到他的作品在几十年后发生作用，没有政治头脑、历史眼光是做不到的。

1943 年秋，反“扫荡”开始了。由于画报社经常转移，携带许多重要机器设备不利于转移突围，于是大部分设备都隐藏起来了。最使沙飞放心不下的，便是装满了摄影底片和照片的四只牛皮箱和两个牛皮挎包。因为照片和底片都怕潮，一旦在山洞中漏水受潮，后果将不堪设想。照片特别是底片，不像照片制版设备和印刷器材等还可以制造和购置，底片是不能复得的。

一天，突然出现了敌情，必须马上突围。沙飞提出："人在底片在，人与底片共存亡。"他郑重地将两个装满底片的牛皮箱子亲手挎在了警卫员的肩上，自己也挎上了装着部分底片和重要文件的两个牛皮挎包，向外冲去。在突围中，沙飞和战友被鬼子冲散了，有的战友牺牲了。沙飞也负伤倒下，但是他却紧紧地搂住被它视为生命的牛皮挎包。第二天沙飞才被人们发现，此时他的双脚已经几乎被冻烂了。这次突围中，画报社牺牲了 9 位同志，沙飞的警卫员也牺牲了。值得欣慰的是，他们把大部分照片底片保住了。

当得知自己的双脚因冻伤太重需要截肢时，他苦苦哀求大夫："我是摄影记者，新闻摄影就是我沙飞的全部价值，生命的所有意义啊！截掉了我的双脚，我的生命还有什么价值？什么意义？保住了我的双脚，就保住了我从事新闻摄影的权利，就还给了我生命的价值和意义，可以说是给了我第二次生命啊！我就可以又像以前那样：哪里响起了枪声、炮声，我就迈开我的双脚往哪里奔跑……"沙飞的一番话，将在场的大夫和伤员都感动得热泪盈眶。此后，他积极配合大夫治疗，双脚竟也慢慢康复了！

沙飞冒着随时都可能牺牲的危险，艰难地保住了珍贵的底片。在中国人民抗日战争纪念馆的陈列中，有相当一部分历史照片就是出自沙飞之手。

后来，毛泽东在接见当年晋察冀画报社的工作人员时曾说："你们把战争年代的底片、珍贵文物保存下来，是一个大贡献。"这其中沙飞功不可没，他的精神和他的摄影作品将永远激励着后人前进。

张英秋

林正亨题抗日词照片

国土未复心不歇

中国人民抗日战争纪念馆馆藏一组林正亨的照片。这组照片主要包括：1937 年在南京中央陆军军官学校的留影，南京中央陆军军官学校毕业后赴昆仑关作战前的留影，1944 年赴缅抗日出国前送给妹妹林岗（林双盼）的照片，1944 年林正亨赴缅甸抗日前在昆明与战友留影等。

林正亨（1915—1950），是台湾“第一家族”雾峰林家第八代传人，是著名爱国志士林祖密将军之子。1915 年 8 月生于厦门鼓浪屿，在福州读书。1934 年返回台湾。1937 年全民族抗战爆发后，为了抗日救国，他放弃了自己钟爱的美术专业，只身前往祖国大陆，并考入南京中央陆军军官学校，毕业后任国民革命军第三十六军见习军官。1940 年 1 月随部队赴广西作战，担任第九十六师参谋处少尉军官，参加昆仑关战役，并晋升中尉连长。

在这组照片里面，有一张最能体现林正亨的抗日救国热情和奋勇杀敌的报国志向。昆仑关战役打响后，林正亨随所在部队紧急奔赴前线。他在出征前寄给妹妹林岗一张照片，并题词一首：

戎装难掩书生面，铁石岂如壮士心。从此北骋南驰，戴日月，衣霜雪。

笑斫倭奴头将球，饥餐倭奴肉与血。国土未复时，困杀身，心不歇。

这首词充分彰显了他要在战场上奋勇杀敌、报效祖国的壮志雄心。这样的报国激情也贯穿了他的一生，收复国土、祖国统一成为他至死不渝的目标。

林正亨在南京中央陆军军官学校留影

林正亨南京中央陆军军官学校毕业后赴昆仑关作战前留影

林正亨赴缅抗日出国前送其妹林岗的照片

1944年林正亨（右一）赴缅抗日前在昆明与战友留影

国土未复心不歇——林正亨题抗日词照片

1944年，林正亨报名加入中国远征军，担任步兵团指挥连连长。在缅中战役中，他以一敌八与日军肉搏，身负16处重伤，成为伤残人，几乎丧命。因此，他被列为编外并遣回云南“疗养”。林正亨坚持以残废之躯，沿途乞讨，从云南一路走到重庆。找到妹妹林岗后，才被介绍到朱学范领导的“中国劳动协会”工作。通过这一系列亲身经历，林正亨对国民党政权的独裁统治彻底失望。经过妹妹的介绍，他对中国共产党及红色根据地逐渐有了新的认识。不久，他秘密加入中国共产党。日本投降后，他返回台湾开展地下工作，后被国民党当局逮捕杀害。

在林正亨短暂而辉煌的一生中，他把自己的青春热血和宝贵生命都奉献给祖国的解放事业。他驰骋在抗日救国的最前线，奋勇杀敌，九死一生，为中国的抗日战争作出了重要贡献，但是不幸被国民党当局杀害，令人惋惜！

任建玲

李应章开设伟光医院时使用的器械

用行医掩护抗日

在中国人民抗日战争纪念馆举办的专题展“台湾同胞抗日斗争史实”展览中，陈列着台胞李应章抗战时期在上海开办伟光医院时使用的一组文物，分别是手术剪、血压计、消毒盒、注射器及病人愈后赠之的“立起沉疴”匾额，并以“伟光医院”为题，布置成一个景观，成为整个展览的亮点之一。

李应章（又名李伟光），1897 年 10 月 8 日出生于台湾省彰化县二林镇。在学生时代，李应章深受五四运动及第一次世界大战后民族自决潮流的影响，民族意识得以增强。1921 年 10 月，李应章参加了蒋渭水等人创立的台湾文化协会，“对于唤起汉民族的自觉、反对日本的民族压迫，起了很大作用”。1925 年，李应章领导了著名的“二林蔗农运动”，给日本殖民者以沉重打击。李应章因此遭到了日本警察的迫害，受了十个月的牢狱之苦，家毁父亡。1932 年 1 月，为免遭殖民者的再次迫害，李应章设法离开了台湾，横渡海峡，来到厦门，并于同年 4 月在厦门加入中国共产党，以行医为掩护积极进行革命活动。后来因为自己的入党介绍人被捕叛变，李应章被迫悄悄离开厦门，经汕头、香港、广州，于 1933 年底辗转到达上海。

到上海后，李应章一边在英租界劳合路开诊所，一边寻找党组织。据李应章后来的《自述》称：“诊所开张后，因英租界是商业区，看病的人并不多。考虑到法租界是住宅区较适合开医院，就于 1935 年底将诊所迁到法租界。但医务仍闲散，经济日益困难。加上联系不上党组织，思想很苦闷。当

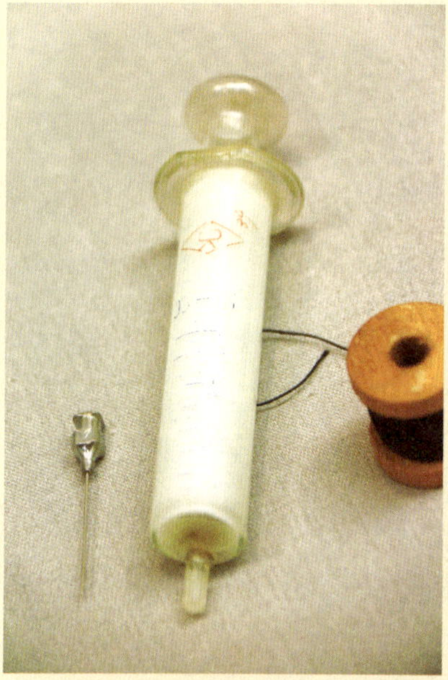

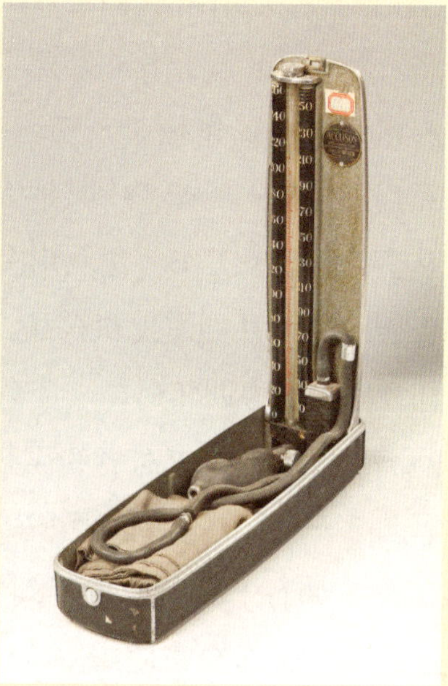

佛光大醫師惠存
立起沉疴

时上海吸鸦片烟的人很多，烟毒是中华民族的一大毒害，我觉得既然找不到革命关系，搞戒烟医疗也是爱国之道。于是着手研究戒烟药品，到1937年1月研究成功，开始做戒烟医疗。因诊所不敷所用，所以搬到霞飞路（今淮海中路）四明里开设了伟光医院。”这就是伟光医院的来历。

利用伟光医院作掩护，李应章做了大量的抗日工作。与党组织重新接上关系后，他曾先后掩护中共地下党员曹荻秋和吴成方住在伟光医院三楼后房，从事党的地下工作。他利用医生身份接近日本人，搜集日军情况，向吴成方汇报，还为新四军提供药品。

伟光医院开办四年后，李应章又在上海泰安路增设了疗养院。他因为做戒烟医疗而出了名，求医者纷至沓来。李应章说：“这又便于掩护我的抗日活动，许多革命同志常到我医院或疗养院‘看病’、‘疗养’、‘做客’，联系或谈工作，如有一次吴成方带刘先生来住院治骨病，偷偷地交代我说刘先生是新四军的高级负责同志，要注意照顾。他住了一个多月出院后，老吴又带一位李先生来治胃病，住了十多天。其间，吴成方常来看望他们，交谈工作，而我即若无其事地装着看他们的病。”

不论在祖国台湾，还是在祖国大陆，李应章都积极投身于抗日民族解放事业，并为此作出了重大贡献。他因此受到了党和人民的高度评价。他是出席新中国第一届全国人民政治协商会议的台湾民主自治同盟的五名代表之一，还参加了1949年10月1日的开国大典。他说：“这是我一生最激动、最光荣的时刻。”然而不幸的是，五年之后的同一天，李应章以上海市人民代表的身份参加上海市国庆五周年庆祝大会时，突发脑溢血，于次日上午逝世。

1999年，李应章之子李锡昭将父亲的这批遗物捐赠给中国人民抗日战争纪念馆。

任京培

多版本《论持久战》

抗战胜利的指路明灯

1938年5月，毛泽东在延安窑洞内撰写了《论持久战》，以卓越的洞察力科学地预见和规划了中日战争的结局“抗日战争是持久战，最后胜利是中国的”，是关于中国抗日战争方针的最重要的军事政治著作之一。

抗日战争全面爆发后，在国民党内出现了“速胜论”和“亡国论”等论调。在共产党内，也有一些人寄望于国民党正规军的抗战，轻视游击战争。抗日战争的发展前途究竟如何？在这种危急情况下，毛泽东集中精力研究战争学，经过认真的思考、消化、研究、创造，毛泽东撰写完成了《论持久战》。毛泽东在《论持久战》中全面、系统、深刻地分析了中日战争所处的时代，以及敌我双方的基本特点，批驳了“亡国论”和“速胜论”的观点，深刻地揭示了抗日战争是持久战，最后胜利属于中国这一客观规律。

1938年5月26日至6月3日，毛泽东在延安抗日战争研究会上以《论持久战》为题发表了演讲，受到干部战士们的热烈欢迎。7月1日出版的《解放》第43、44期合刊上全文刊载了《论持久战》，广大干部群众争相传阅，展开讨论。为了让全国军民学习了解持久战这一伟大正确的战略，中共中央决定出版发行《论持久战》一书，各地相继出版了多个版本。中国人民抗日战争纪念馆珍藏了多个版本的《论持久战》。

1. 延安解放社版最早单行本

1938年7月，延安解放社出版了《论持久战》的单行本，作为抗日战争

羣叢書之十五
華日報館發行
論持久戰
毛澤東

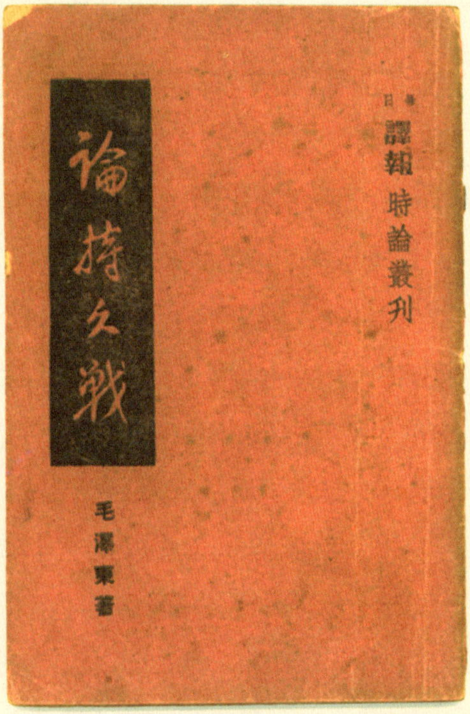

譯報 時論叢刊
論持久戰
毛澤東著

丛书的第二种。该版浅黄色封面，封面竖向题名“论持久战”，封面左下方署“毛泽东”。扉页有毛泽东的题词：“坚持抗战，坚持统一战线，坚持持久战，最后胜利必然是中国的。”延安解放社版是《论持久战》最早的单行本，其他版本都由它修订而来，非常珍贵。

2. 新华日报馆武汉版、重庆版

1938 年 7 月 25 日，新华日报馆在武汉出版了《论持久战》单行本，作为新群丛书第十五种。该版书名也是由毛泽东题签，封面上也是毛泽东的题词：“坚持抗战，坚持统一战线，坚持持久战，最后胜利必然是中国的。”武汉版《论持久战》距离延安解放社版仅 20 多天，出版速度非常之快。武汉沦陷后，新华日报馆迁往重庆，又于 1939 年出版了《论持久战》订正版。新华日报馆武汉版、重庆版《论持久战》出版数量巨大，且印刷精美，在国统区广为流传，影响深远。

3. 各抗日根据地版本

1940 年 6 月，根据中共中央北方局黎城会议决定，成立了太岳军区，由八路军第一二九师三八六旅兼军区领导机关，陈赓兼任司令员，王新亭兼任政委，司令部位于沁源县。为了指导太岳军民更好地学习游击战和持久战的战略战术，太岳军区司令部印制了《抗日游击战争战略问题、论持久战》合订本。抗战期间，太岳军区军民团结一心，谱写了一首抗击日本侵略者的壮歌。

为纪念《新华日报》（华北版）三周年和四周年，新华书店于 1942 年和 1943 年连续出版了《论持久战》。《新华日报》（华北版）是中共中央北方局的机关报，1939 年 1 月 1 日在山西沁县创刊，是当时敌后第一个铅印的抗日报纸。1943 年 10 月，改为《新华日报》（太行版），成为中共中央太行分局机关报。

胶东联合社是中国共产党领导下山东解放区建立最早、最著名的图书出版机构，成立于 1938 年 6 月。1942 年 2 月，胶东联合社出版的《论持久战》颇具特色，封面是“世界巨人、中国共产党领袖、中华民族解放的领导者毛泽东同志”的肖像木刻，炯炯眼神中写着坚定。胶东联合社在敌人频繁“扫荡”、人员较少、设备简陋等艰苦困难条件下出版书刊，为抗日军民源源不断地提供丰富的精神食粮。

4. 上海孤岛版本

上海华界沦陷后，华商报刊受到迫害和排斥。中共江苏省委文化界运动委员会（文委）利用租界的特殊条件，于1938年1月21日以英商名义出版《每日译报》，宣传和介绍中国共产党坚持抗战、坚持抗日民族统一战线的方针政策。1938年8月23日起《每日译报》连续登载毛泽东的《论持久战》，引起租界各界的强烈反响。9月4日，每日译报社又出版了单行本，深受租界民众欢迎。

5. 英文版

1938年10月，在邵洵美、项美丽等的帮助下，中共女地下党员杨刚在*Candid Comment*（《自由谭》英文版）上公开连载了《论持久战》英文译文，并秘密出版了英文版《论持久战》，引起了世界上热爱和平人士的高度关注，产生了广泛而深远的影响。

《论持久战》系统阐明了中国共产党的抗日持久战方针，回答了困扰人们思想的种种问题，在国内外产生了重大影响。《论持久战》将游击战争提到战略高度，制定了指导抗日战争的正确路线、方针、政策和人民战争的战略战术，是中国军民打败日本帝国主义，赢得抗战胜利的指路明灯。

陈　亮

王孝慈给弟弟的家信

“你应立即奔上抗日的战场”

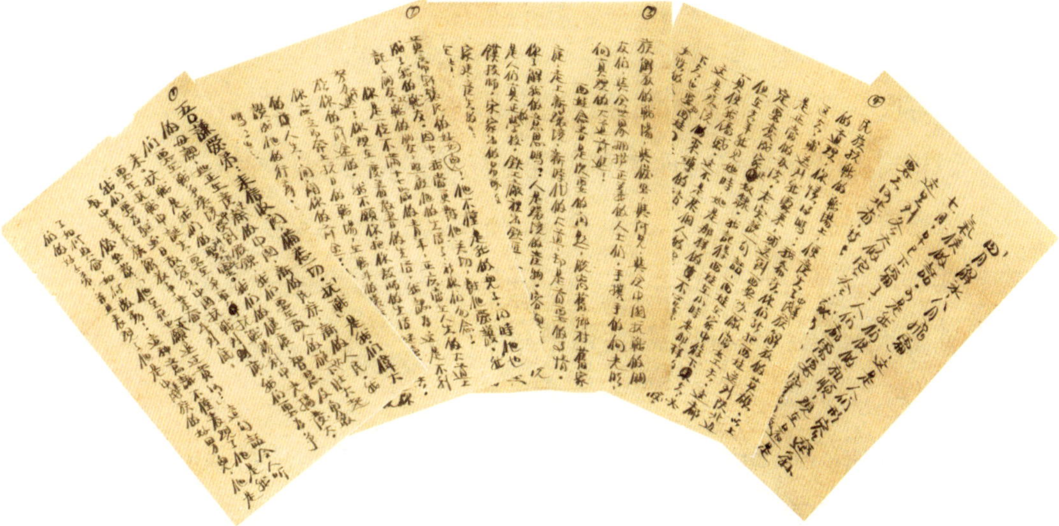

在中国人民抗日战争纪念馆馆藏文物中有一封家书，长 16 厘米，宽 25 厘米，共5页纸。这是 1938 年 10 月 26 日晋中特委组织部部长王孝慈（原名向宗仁）给弟弟向宗圣（后牺牲）的家信。这封家信是用毛笔书写的，在信的末端有一段附及内容，是王孝慈 20 世纪 60 年代回家乡用钢笔补记的。

王孝慈，1905 年 6 月 29 日生，陕西渭南人。1925 年在西安上中学时积极参加了反帝反军阀的斗争。1927 年入西安中山军事学校学习，同年加入中国共产党。1928 年参加著名的渭华起义，曾担任延长、宜川特区党委书记。1930 年至 1937 年在北方从事地下工作曾三次被国民党逮捕，入狱六年，遭受严刑拷打，但他始终坚贞不屈，保持了一个共产党员的革命气节。

1937 年 9 月，当他终于回到魂牵梦绕的老家，才得知家里的母亲、妻子、小女均不在人世了，他的老父亲一个人带着三个年幼的儿孙艰难度日。10 月初，王孝慈回到太原，杨尚昆把他介绍给第一二九师三八六旅旅长陈赓。王孝慈跟着陈赓到了阳泉，被任命为正太路沿线特委组织部长，率领阳泉矿工抗日游击队开展武装斗争。1937 年 10 月，娘子关失守，日军随后占领阳泉。王孝慈带领阳泉两千多名矿工游击队向晋中转移，于 11 月初到达和顺县官庄村，与平定撤出来的学生会合，组成平定抗日游击队，王孝慈任政委。在八路军总部的关怀下，在官庄村隆重召开了平定抗日游击队成立大会，朱德总司令和徐向前到会讲话。这支游击队当时活动在太谷、榆次、昔阳、寿阳、平定一带，与当地农民一起同日军展开斗争。

1938 年后王孝慈在山西太行山区担任晋中特委组织部长、冀西特委书记、太南区党委组织部长。在此期间，他的儿子向俊安参加了八路军，走向抗日战场，父子并肩作战。1938 年 10 月，王孝慈给他的五弟向宗圣写信，鼓励他走出家乡奔赴抗日前线。信中写道：

吾谦爱弟：

来信收阅，备悉一切。“抗战”是我们伟大的母亲，她正在产生新的中国、新的民族、新的人民。我们要在战争环境中受到锻炼，我们要在敌人的炮火下壮大起来。抗战是我们的神圣职责。我们的健康、智慧及勇敢要在抗战中诞生，要在抗战胜利中发扬光大，我们要为驱逐日敌寇出中国抗战到底，我们要为争取中华民族解放事业奋斗到底。

俊安说：“他至死也不愿退出黄河！”这句话听了让人如何兴奋、如何激动！这种意识不仅表现了他是我们的好子弟，而且表现了他是中华民族的好男儿，他是黄帝轩辕氏的好儿女，他不仅是我的儿子，同时也成了我的战友。因此，我当更对他关切、对他爱护，我托了朋友，抗战的朋友，照顾他的生活了，祈你们勿念！

你是一位不满十七岁的青年，正应当在人生的大道上努力前进！你现在度着教书的生活，我认为这是不利于你的前途的。我不愿你把你的教师生活继续下去，你应立即奔上抗日的战场，在战斗的环境中创造你的人生，开辟你的前途！俊安是我的爱子，我既赞成他的行动，这决不是无意味的称赞。你了解吗？也希望你打破庸俗人的见解，勇敢地走上民族解放的战场，与俊安、与阿兄、与全中国抗战的朋友们、与全世界拥护正义的人士们，手携手的向光明、向真理的大道前进！

“天下兴亡，匹夫有责”，在民族生死存亡之际，不知有多少英雄豪杰前仆后继！王孝慈把抗战视为伟大的母亲，以争取民族解放为己任，在他的影响及家人的相互鼓励下，儿子、弟弟相继投入抗日洪流。

在这封信的末端的附及内容中提到，王孝慈的五弟向宗圣参加抗日时，在兰村战斗中负伤而后牺牲了。

2009 年 7 月 1 日，王孝慈的女儿向里南、女婿靳贝民夫妇将这封珍贵的家书捐赠给中国人民抗日战争纪念馆。

李文华

雁翎队使用的木船

痛击日军的移动“轻骑”

在中国人民抗日战争纪念馆人民战争厅的白洋淀景观前，摆放着一支抗日战争时期冀中白洋淀水上游击队雁翎队使用的木船，约三四米长，一米多宽，船上的桨橹都还保存完好。从船体上遗留下的当年被日军射击的弹洞和它饱经风雨的模样，就可知它经过战争烽火的洗礼。它静静地在这里展示，仿佛在诉说着一个个水上抗日游击队的动人故事。

大凡了解抗战史的人，都熟悉雁翎队的名字，它是活跃在冀中白洋淀上的一支抗日武装。它神出鬼没、英勇杀敌，令日军闻风丧胆。这支游击队主要使用的水上交通工具就是木船，单支的木船或多支木船组合在一起的“鹰排子”，实际上就是流动的据点和战斗堡垒，在与敌人的巧妙周旋中，把日军打得晕头转向。

白洋淀是冀中平原上的一个天然湖泊，既是“满淀荷花千顷苇，稻香菱红鱼鸭肥”的一个鱼米之乡，也是重要的内河航运要道。上有唐河、府河、潴河几条水系汇集入淀，下有大清河直通天津，形成了一条连接京、津、保（定）三角地带的交通航路，地理位置非常重要。居住在白洋淀地区的人们，世世代代安居乐业，过着安宁幸福的生活。七七卢沟桥事变后的1938年，日军就急不可耐地侵占了这块战略要地，并且在津保航线的重要村镇上都修建了岗楼和据点。他们对美丽富饶的白洋淀地区，实行了惨无人道的杀光、烧光、抢光的“三光”政策，在很短的时间内，就把白洋淀地区变成了抬头见岗楼、到处是狼烟的人间地狱。大部分村庄变成了残垣断壁，焦土一片，人们无家可归、流离失所，原本和平宁静的生活被日军搅乱了，美好的家园被日军的铁蹄给践踏、蹂躏了。

面对日军烧杀抢掠的野蛮行径，面对凶残的敌人，白洋淀地区的人民并没有被吓倒，而是表现出了决不屈服、英勇无畏的英雄气概。在中国共产党的领导之下，白洋淀人民迅速地组织起了一支水上游击队——雁翎队。

一支抗日武装，何以雁翎队冠名？事情的经过是这样的。当日军的小汽艇扰乱了白洋淀湖面的平静，把无止境地烧杀和勒索强加在白洋淀渔民和猎户头上之时，他们再也无法忍受下去了，于是把愤怒变为行动。纷纷放下手中心爱的渔网和猎袋，划着渔船，扛着猎枪，起初在一个叫殷金芬的打雁人奔走号召下，在“为着咱们的白洋淀，也为着咱们的大雁和鱼虾……”的誓言声中，投入密密丛丛的芦苇荡，聚集、组织起来。打雁人拿出他们美丽的雁翎，把他们作为一个共同行动的标志，插在每一个船头上，从此，“雁翎队”的名字诞生了。

后来，共产党员任大棉担任雁翎队的队长，区委书记何洪涛兼指导员。他们用大抬杆等土造枪炮，同日军展开了针锋相对的斗争。雁翎队遵照毛主席关于“在河湖港汊之中及其近旁建立起持久的根据地，作为发展全国游击战争的一个方面”的教导，利用白洋淀的有利地形，建立起了牢固的水上根据地。

他们在纵横百余里的广阔白洋淀湖面上摆开了战场，无数只插着雁翎、载着一个个用白毛巾裹头的战士，使日军惊慌失措的“鹰排子”出没往返。英勇善战的游击队员们利用芦苇的掩护和自己熟悉的水网地形，在白洋淀的每一个港汊间，给敌人撒下了严密的伏击网。一颗颗仇恨的子弹从芦苇丛中，从“鹰排子”上，射向敌人的汽艇、包运队和粮队，把敌人打得晕头转向，魂飞魄散。他们常常深入到敌人的据点，不费一枪一弹，端掉敌人的岗楼。他们还经常出其不意，巧妙地从日伪军手里缴获武器弹药。他们按照上级的指示，肃奸反特，不断地深入“虎穴”，把罪大恶极的汉奸除掉。

雁翎队的队员们，大多是渔民和猎户的后代，他们有着极高的水性和娴熟的枪法，依仗水藻和芦苇的保护，他们常常三三两两驾驶着如飞的雁翎船，到处分散活动，出其不意地袭击敌人。有时发生了紧急情况，一声事先约好呼叫，或几发信号枪，这时周围所有的雁翎船，便立即从四面八方同时出动，按照规定或立即隐蔽，或迅速集合。有时为了某种需要，在夜色降临和晚风飘拂的湖面上，他们将成百只的雁翎船集中起来，趁着月色，悄悄地掩护着我们的水上运输。还有的时候，他们会在一个橘色的黎明，突然包围敌人的水上据点，给敌人以狠狠地打击。隆冬季节，白洋淀广阔的湖面结了厚厚的冰层，雁翎船无法行驶了。此时无数只插着雁翎的冰橇，如同一支支飞箭，在湖面上穿过。

1939 年初秋，为了截获敌人的一艘运输汽艇，雁翎队以十余只“鹰排子”和二三十个队员，在赵北口至葛利口之间的一条水路要道两旁的芦苇丛中设下埋伏。当敌人的运输艇驶近时，突然随着一声口哨和一片呐喊声，雁翎队的队员们扛着两排长筒的“排炮”，手持雪亮的马刀，威严地跃到押船上的敌兵面前，吓得敌人屁滚尿流。他们迅速地收拾了敌人汽艇上的五六个士兵，用自己插着雁翎的船只，满满地分载了敌船上的白糖、香烟、罐头和大米，并且还缴获了三支三八式步枪和一挺昭和十一年（1936年）制造的轻机枪，兴高采烈，满载而归。

不久，敌人高叫着“平靖湖面”，向雁翎队复仇。他们割掉了芦苇和蒲草，用大量的汽艇和木船在开阔的湖面上不停地巡逻，同时在每一只船上竖起了高高的梯凳，设立了瞭望哨，给雁翎队的斗争带来了极大的困难。为此，游击队队员不得不改变战斗方式，采取更加分散、隐蔽、灵活的行动。队员们化装成包着头巾的洗衣妇，或是悠闲的垂钓者，在相互可以联系的距离内，默默地监视着敌人的行动。一旦遇到单行的船只，或者其他袭击敌人的机会，那些化装分散的雁翎队队员们，便会很快地从不同的地点汇集起来。他们或用猛烈的火力向敌人射击，或手持马刀上前与敌人搏斗，很快消灭面前的敌人。还有的时候，他们用衔着空心的苇秆透换气的方法，带着武器，作几小时的埋伏，一遇时机，就人不知、鬼不觉地突然掀翻敌船，把敌人沉尸湖底。

1940年年底，随着冀中平原斗争形势的日渐残酷，在八路军的直接帮助下，他们有计划地配合八路军水上部队的行动。在此期间，他们发动湖上的乡亲们，用下沉大树的办法，封锁白洋淀中敌人的运输水道。又用大量的船板，搭建起一座座纵横交错的浮桥，这样每当出现敌情时，我们的八路军将士们，便可以通过这些临时构筑的浮桥，迅速地进行有效的援助。

聪明智慧的雁翎队员们，还创造了大批能飘浮于水面的“葫芦水雷”，巧妙地把它们安放在航路的水藻下，炸翻了无数只来往于天津、保定之间的敌船，更炸破了敌胆，使日伪军的嚣张气焰大大收敛。

抗战期间，勇敢的雁翎队队员们，就是这样灵活地与敌人周旋、斗争，在日军残酷“扫荡”的冀中平原上，成为最坚强的抗日堡垒之一。雁翎队从小到大，从弱到强，端敌伪岗楼，锄日伪汉奸，打日本鬼子，截日军军船，破坏敌人的水上交通线，有力地配合八路军主力部队作战，谱写了一曲曲胜利的凯歌。

张　量

戴安澜的“铁汉”印章

“为国战死，事极光荣”

这是一枚玛瑙章，长约 3.3 厘米，章切面为边长 1.6 厘米的正方形，阳刻“铁汉”二字，篆体，布局端庄，笔画遒劲。这枚戴安澜将军镌刻的“铁汉”印章一直由他的儿子戴覆东保存着，于 2005 年 5 月捐赠给中国人民抗日战争纪念馆，后被评定为馆藏国家一级文物。印章虽小但它见证了中国人民坚持抗日的光辉历史，彰显了中华儿女不屈不挠的铮铮铁骨。

戴安澜（1904—1942），安徽省无为县人，名衍功。六岁时，在清晚期著名作家周绍封塾馆就读，取学名“炳阳”。他勤奋学习，成绩优异，周绍封老师说：“此子秉赋优异，后必有成。”在五四新文化运动的影响下，年轻的戴安澜有志积极投身到振兴中华的伟大事业中去，21岁时，他决心从军报国、振兴中华。1924年3月，他从广东粤军第四师任团长的叔祖父戴端甫的来信中，获悉国共两党合作创办黄埔陆军军官学校的消息。在端公的召唤下，他与本乡的一批热血青年奔赴广州参加国民革命军，考入黄埔军校第三期入伍生队，更名“安澜”，自号“海鸥”，以表达自己要力挽狂澜，像不怕大海风暴的海鸥一样去勇敢搏击。1925年7月，正式成为黄埔军校第三期学员。

在1928年5月的北伐中，戴安澜亲历日军制造的“济南惨案”，对日本帝国主义的惨无人道的侵略行径极为愤慨，决心要与日军拼杀到底，直至将他们赶出中国。抗日战争爆发后，戴安澜深明大义，坚决抗日。早在1933年3月，时任国民革命军第二十五师一四五团团长的戴安澜，就奉命率团北上，血战古北口，荣获五等云麾勋章。七七事变后，根据全国抗日统一战线形势，他奉命立即率部奔赴华北抗日战场，亲历平汉线上的漳河之战，立下战功。其间，他还参加了保定、太行山、黄河诸战役。在战局失利情况下，为了表达抗日的决心，他率部在黄河以北潜伏下来，化名为“戈挥日”，“戈”乃“戴”之偏旁，保留戴姓之意，“挥日”二字则表达他对日作战的决心。

台儿庄战役期间，他为自己取名“铁汉”，并镌刻了此印章，以表达用钢铁般意志抵抗日本侵略的坚定信念。在艰苦卓绝的抗日战争中，戴安澜将军用实际行动践行和发扬了“铁汉精神”。1938年3月15日，他奉命率部参加鲁南台儿庄会战，担负阻击北面之敌的任务。作战中，他机智灵活、巧妙运用战略战术，取得了火攻陶墩、计取朱庄、激战郭里集等战果，并与兄弟部队合围，迫使台儿庄之敌后撤。同年夏天，他又率部投入保卫武汉的外围战，痛击从九江进犯的日军第九师团，使日军损失惨重。1939年11月，时任第五军二〇〇师师长的戴安澜，挥师挺进桂南参加了昆仑关大战，三失三克昆仑关，击毙了日军前线指挥官第五师团第二旅团长中村正雄少将。

“铁汉”威名远播四方。1942年3月，应英美等盟军要求，中国政府组建远征军赴缅甸远征作战，戴安澜将军率部先期入缅作战。在孤军深入作战的情况下，他誓与日军死战到底。他在给妻子王荷馨的遗书中写道：“现在孤军奋斗，决以全部牺牲，以报国家养育！为国战死，事极光荣！”从3月18日至29日，在没有空军协同作战的情况下，戴安澜将军指挥第二〇〇师坚守东瓜，同四倍于己、配备有步兵特种兵和空军的日军苦战12天，完全是以步兵对抗日军的立体进攻，掩护了英军的安全撤退，并歼敌5000余人。对此，蒋介石曾电赞：中国军队的“黄埔精神”战胜了日本军队的“武士道精神”。1942年5月18日，戴安澜将军率第二〇〇师在撤退中第五次与日军遭遇，他亲临第一线指挥，身受重伤，于5月26日在缅甸茅邦村壮烈殉国，年仅38岁。

“铁汉精神”感召日月。戴安澜将军殉国后，当时缅甸境内无木棺，只能马革裹尸以还。1942年6月7日，戴将军遗骸经云南腾冲回国，一位70岁的老华侨被戴师长的精神感动，献出自己的楠木棺材，将戴师长的遗骸置于棺内。当时，昆明、广西、贵阳等地纷纷举行追悼大会，隆重哀悼这位民族抗日英雄，国共两党领导人都撰写挽联、挽诗、挽词。美国国会授权罗斯福总统颁发第二次世界大战中外同盟军将领之杰出勋章懋绩勋章（又称军团功勋勋章）给戴安澜将军，他是第一个获此殊荣的中国军人。

李文华

中山舰舰长萨师俊的印章

海军抗战

1997年1月28日，沉睡江底59年的中山舰被整体打捞出水，萨师俊这个名字再度被武汉人忆起。正是在1938年10月保卫武汉的金口战役中，这位出身海军世家的舰长，同一代名舰一起沉入江中，他是抗战时期阵亡将士中军衔最高的海军将领。

萨师俊，字翼仲，1895年出生于福建闽侯海军世家，是中国近代海军名将萨镇冰的侄孙。在其堂祖父的熏陶下，他立志投身海军，报效国家。他曾对其兄弟们说："强国莫急于海防，忠勇莫大于卫国，我兄弟宜习海军，亦我民族武德之传统也。"在他和家族成员的影响下，兄长萨师同考入江南水师学堂，弟弟萨本炘考入福建船政学堂。1908年，萨师俊考入烟台海军学校。此后，兄弟三人均服务于海军，成为当时少有的"海军之家"。

1913年7月，萨师俊毕业后被分配到海军舰队实习，不久升任"通济"号练习舰三副。此后，历任"江贞""建安"两舰副舰长，"公胜""青天""顺胜""威胜"等舰舰长，海军闽厦警备司令部副官处长、海军第一舰队司令部参谋等职。1932年2月，调任"楚泰"号炮舰舰长，升任二等海军中校。1935年2月，萨师俊奉命代理中山舰舰长，不久被正式任命为该舰第13任舰长。

中山舰原名永丰舰，采购于清末，总吨位780吨，由日本三菱造船厂建造。永丰舰先后参加护国运动、护法运动。1922年6月16日，陈炯明在广

州发动兵变，炮轰总统府。孙中山脱险来到永丰舰上。随后，宋庆龄也转移到永丰舰上。他们在舰上度过了55个日夜，指挥革命军粉碎了叛军的阴谋。孙中山去世后，1925年4月13日，广州国民政府将永丰舰命名为中山舰，以纪念孙中山当年在此避难。萨师俊有幸担任中山舰舰长，这是他一生的荣耀。

抗日战争全面爆发后，船舰总吨位不及日本的二十分之一的中国海军也投入这场关系到民族生死存亡的伟大斗争中。在保卫上海的淞沪战役中，中山舰虽然没直接参与前线作战，但参加了海军封锁长江的任务。1937年9月，在江阴海战的危急关头，中山舰护送海军部长陈绍宽亲赴前线重新部署防御。经过两个月的苦战，由于实力相差悬殊，中国海军大部分舰艇被击毁，剩余船舰沿江撤往武汉，以继续抵抗西进的日军。

1938年6月，日军调集陆军12个师团和40余艘海军舰只，溯江而上，武汉保卫战随即开始。为保卫武汉、协同陆军和空军作战，海军先后有49艘军舰调入长江，阻止日军沿江而上。10月下旬，日军逼近武汉，国民政府迁都重庆，海军总司令部命萨师俊率中山舰担负护送军政要员、转移军民和战略物资等任务。

10月24日，日军大举出动，在武汉金口与城陵矶之间的长江航道搜寻中国舰艇，对航行中的中山、楚同、楚谦等舰艇进行轰炸。下午3时许，6架敌机飞临中山舰上空，随即进行进攻，全舰进行猛烈还击。由于舰只缺乏空中飞机的保护，在面对日机的轰炸中，中山舰屡屡处于劣势。不久，日机一枚炸弹击中舰的左舷，江水顿时涌进锅炉，导致中山舰丧失了动力。随后，又一枚炸弹击中舰尾，轮机长和一名轮机兵当场阵亡。激战中，敌机一枚炸弹命中驾驶台，萨师俊右腿被炸断，左腿遭巨创，左臂亦受重伤，但他强忍着巨痛仍然在甲板上指挥作战，面对前来搀扶他撤离的官兵，他厉声说道：“我还能指挥作战，你们不许这样！我身任舰长，职责所在，应与舰共存亡！”

不久，受创严重的中山舰舰体倾斜严重，即将沉没。接替指挥的副舰长吕叔奋见萨师俊伤势严重，便下令放下仅有的两艘舢板，欲将萨师俊及受伤士兵送至岸上治疗。但谁都没有料到，舢板划出不远，日机便对运送伤员的舢板进行轮番扫射，两艘舢板包括舰长萨师俊在内共计16名官兵全部壮烈牺牲。

2000年3月，萨师俊之侄萨支天将萨师俊牺牲前留在福州家中的遗物——两枚印章捐赠给中国人民抗日战争纪念馆，以让更多的人知道那段历史。这两枚印章分别镌刻了萨师俊的名号“翼仲”“萨翼仲印”字样。今天，当我们欣赏这两枚方印时，能够再一次体味萨师俊炽热的爱国情怀，感受那段血雨腥风的历史。他的事迹将彪炳史册，其精神也必将激励后人奋发图强、报效祖国。

桂星星

滇缅公路的涵洞拱券及美版图书

泣血筑路

在中国人民抗日战争纪念馆展厅里，展示着两件关于滇缅公路的珍贵文物，一件是修筑滇缅公路使用的涵洞拱券，为铁质，呈抛物线形，在涵洞结构中起支撑作用，它是云南各族民众支援抗战的重要物证；另一件是美国人尼克尔•史密斯著的《滇缅公路》，它向美国人民介绍了滇缅公路的建设情况。这两件文物不约而同地让人联想起抗战时期那段泣血修筑滇缅公路的历史。

1937年7月，日本发动全面侵华战争，中国与国际联系的陆海通道绝大多数被日军封锁。当时的云南省主席龙云向蒋介石建议，应及早考虑修筑滇缅公路事宜。随着战争形势的日趋严峻，蒋介石下令中央拨款200万元，限一年内修通滇缅公路，以开辟新的国际运输通道。

当时的龙陵县县长王锡光收到了省政府限期完成筑路任务的紧急公文：一封鸡毛信和一个木盒子。信封上的两根鸡毛表明情况十万火急，木盒子里装着一副手铐。信上说，如不能按期完成筑路任务，则县长自戴手铐赴省城听候处置。据说，当时滇缅公路西段有关各县县长都收到了这样的公文和手铐。

为激励广大民工，王锡光编了一首《滇缅公路歌》，以提振人心。歌中唱道："东洋倭祸已深入，封我港口占我疆，民众团结齐上阵，奋力打通生命线，出海通达印度洋。国际同情齐援我，军火运输畅通航。最后胜利确

BURMA ROAD
YUN-NAN-FU
LASHIO
NICOL SMITH

把握，驱逐强盗国土复，还我山河武穆志，坚定信念兴民族。”

各族人民在抗战热情的感召下，从穷乡僻壤会集到筑路工地，他们自带口粮，自己上山割茅草搭窝棚，在恶劣的自然条件下，在根本没有安全保障的情况下进行施工。有的少数民族群众仅仅以野菜和杂粮充饥，有的民工甚至靠乞讨度日。据统计，当时平均每天有 20 万民工在工地上劳作，在修筑滇缅公路西段期间，先后死于爆破、坠岩、坠江、塌方和各种疾病的民工多达 3000 余人，因公伤残 1.2 万余人。这是一条滇西各族人民用血肉筑成的国际通道。英国《泰晤士报》在 1938 年 5 月 17、18、19 日，连续三天报道滇缅公路的修筑情况，并指出：“只有中国人才能在这样短的时间内做得到。”

1938 年 8 月 31 日，滇缅公路全线通车，各族人民在极端困难的条件下，几乎完全靠人力，将滇西天险辟为通途，用血肉创造了一个世界奇迹。滇缅公路的开通，大大鼓舞了全国人民的斗志，从根本上增强了外国援助中国的信心。整个抗战期间，通过滇缅公路输入中国的战略物资达到 44 万吨之多，滇缅公路成为抗战运输的生命线，为抗日战争的胜利作出了巨大贡献。

桂星星

有池峰城签名的爱泼斯坦台儿庄战役采访笔记

坚守到胜利

1938 年 4 月，身为美国合众社记者的爱泼斯坦奔赴台儿庄进行战地采访，这本他随身携带的笔记本，封面写着“TAIERHCHUANG Apr.3-10，1938”（台儿庄 1938 年 4 月 3 日至 10 日）字样，笔记本第 17 页是参加台儿庄战役的池峰城将军等人的签名。

徐州会战时，池峰城任孙连仲部第二集团军第三十一师师长。在徐州会战之著名的台儿庄战役中，池峰城部奉命负责坚守台儿庄，以阻击南下的日军，保卫徐州。从 1938 年 3 月 23 日战斗打响直至 4 月 7 日反攻胜利，池峰城指挥部队与侵入台儿庄的日军第十师团濑谷支队展开激烈的持续多日的拉锯战、巷战，反复争夺，始终坚守不退，死守到底，直至达成第五战区司令长官李宗仁的战略部署，完成中国军队对台儿庄之敌的围歼。

台儿庄战役战局最危急时刻，日军已攻占台儿庄大部分阵地。为了夺回失去的阵地，池峰城决定组织敢死队。他挑选了 57 名官兵作为敢死队员，准备夜袭日军。临行前池峰城向敢死队训话：“国难当头，匹夫有责。我们是敢死队，敢死队就是要以死报国。”大家纷纷举臂宣誓：“为自己的兄弟复仇，誓死报效国家，绝不偷生见我江东父老。”之后，敢死队员趁着夜色冲入敌阵，与日军激战至午夜，收复了大部分掩蔽所与几栋房舍。当战斗结束时，仅有 13 人生还。

TAIERHCHUANG
Apr. 3-10, 1938

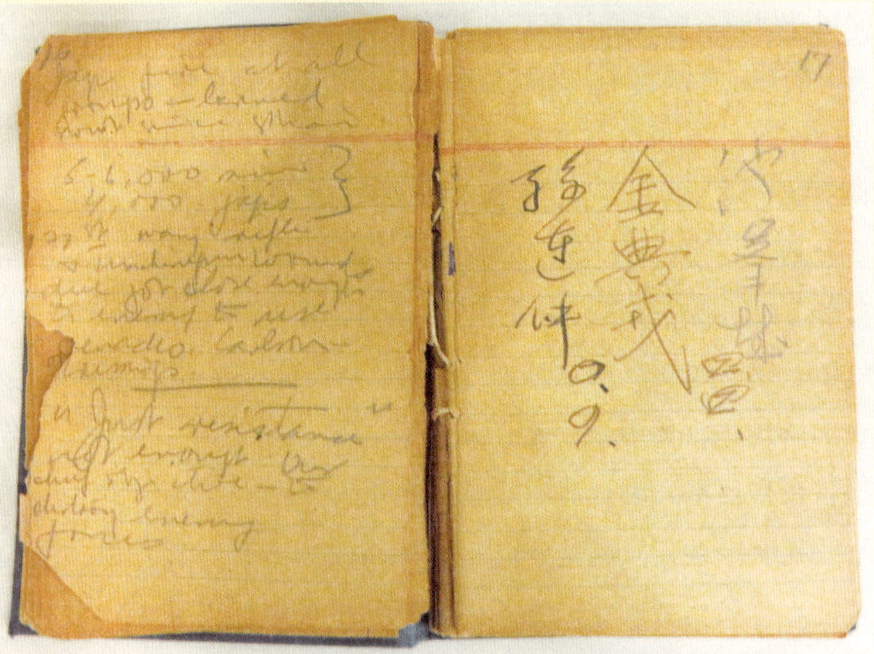

战斗最激烈的3月29日，池峰城师对庄内的日军实行反攻，一支72人的突击队，在迫击炮掩护下，攻击文昌阁，将盘踞其内的日军尽数聚歼。战至4月3日，火力占极大优势的日军步步紧逼。这时全台儿庄三分之二已为日军占领，日方电台甚至已宣布日军将台儿庄全部占领。池峰城将军觉得再拼下去，第三十一师将全军覆没，便向孙连仲司令请示，可否转移阵地，暂时撤到运河南岸。孙连仲深知战斗的艰辛，但想到如果此时撤退，这些天的浴血奋战无异功亏一篑。最终他以坚定的语气命令道：“士兵打完了你就自己上前填进去。你填过了，我总司令就来填，直到填完为止。有谁敢退过运河者，杀无赦！”于是，池峰城下令炸毁运河上的浮桥，破釜沉舟，决意与日军背水一战。

此后，汤恩伯军团在日军背后出现，敌人撤退不及，陷入了包围。中国守军全线反击，最终取得台儿庄大捷。这也是抗战以来中国军队取得的最大胜利，极大地鼓舞了全国军民抗日的士气。

徐州会战期间，美国合众社记者爱泼斯坦奔赴抗日最前线进行战地采访，目睹了“自抗日战争开始以来中国正面战场取得的第一次胜利”，并采访了池峰城将军等人，兴奋之余，他请池峰城等人在采访本上签下了名字。2001年9月，爱泼斯坦将写着池峰城等人签名的采访本捐赠给中国人民抗日战争纪念馆，以期让更多的人知道那段光辉的历史。今天，当人们看着采访本中池峰城将军当年自豪的签名，了解了台儿庄战役背后的故事时，也更令人感受到中华儿女万众一心、浴血抗战的艰辛历程。

桂星星

抗日英雄陈翰章的布包

深藏的亲情

“镜泊湖水清亮亮，一棵青松立湖旁，喝口湖水想起英雄汉，看见青松忘不了将军陈翰章。”这首如今依然流传在黑龙江省镜泊湖一带的民谣，传颂着这位牺牲时年仅 27 岁的青年抗联将领。中国人民抗日战争纪念馆珍藏着一件破旧的公文包，土黄色的布包长约 44 厘米，宽约 32 厘米，包口的金属开关已经锈蚀残破。这个公文包的主人就是民谣里歌颂的东北抗日联军第一路军第三方面军总指挥陈翰章烈士。

陈翰章（1913—1940），别名勋辉，满族，吉林敦化人。14 岁时陈翰章以全县最小年龄考取了私塾教员考试的第四名。1927 年入敦化敖东中学读书，任学生自治会负责人。

1931 年九一八事变爆发，日军铁蹄蹂躏东北大地。9 月 21 日，敖东中学全体师生聚集在学校操场，老师宣布东北已经濒临沦陷，希望同学们做好抗日救国的准备，几百位同学在操场默默流泪。唯仰天长啸，痛哭流涕，誓言要报国仇。当中华民族遭受奇耻大辱时，陈翰章积极参与组织反日爱国宣传活动，成为第一批挺身而出的中华儿女。敦化沦陷后，陈翰章利用其担任敦化县民众教育馆讲演员的身份向广大民众宣传抗日思想。

1932 年 9 月初，19 岁的陈翰章毅然弃笔从戎，参加了原东北军军官王德林率领的国民救国军，在救国军前方司令部担任文书。在攻打宁安县城的战斗中，陈翰章冲锋在前，从牡丹江泅渡攻城。救国军内的中共秘密组织认为陈翰章有勇有谋，在部队中有影响力，注意接近他，陈翰章也积极向党组织靠拢，1933 年成为中共地下党员。

1935 年，陈翰章任东北反日联合军第一师政治部主任，旋即调任第二师参谋长。1936 年，陈翰章调任东北抗日联军第二军第二师参谋长、代师长。陈翰章专挑“硬骨头”下手，长途奔袭四面出击，破坏水坝、铁路、警察局，撤退后又设下埋伏，让前来救援的讨伐队吃尽苦头。

1937 年 7 月，陈翰章率部途经镜泊湖北湖头时，突袭守卫水电站工地的日本守备队，焚烧工程事务所，解救大批中国劳工，致使日本侵略者苦心经营多年的水电站，仅开工半年就遭到严重破坏而停工。

1939 年 7 月，第二军第四、五师合编组成抗联第一路军第三方面军，陈翰章任方面军指挥。不久，即取得大沙河战斗的胜利。根据日本档案记载，从 1939 年 6 月到 12 月，陈翰章部共出击 55 次，毙伤大批关东军佐、尉级军官，消灭大量日伪军士兵，其发动攻击次数位居当年抗联第一路军之首。陈翰章率领抗日健儿驰骋沙场，屡立奇功，打得日军及伪军心惊胆裂，日夜不宁。日军军事“围剿”不成，就使出阴毒计策，囚禁了陈翰章的家人严刑拷打，威逼陈翰章的父亲陈海进山劝降，称如不投降就要杀尽他的家人。陈翰章让父亲把棉袄脱下来，挂在树上开了三枪，让他回去告诉敌人，再来劝降不管是谁都杀。对此，陈翰章在日记中记载：“敌军派父亲来劝降我，是因为我在抗日救国事业中发挥的作用，我为此感到自豪……但看到苍颜白发的老父，年过六旬依然被敌人威胁奔走不停，我想到这些难免心中悸动不安。”

陈翰章恶言赶走父亲，又写下休书与妻子离婚。有情有义的陈翰章之所以变得“绝情寡义”，其实是为了保护家人，因为只有这样才能让家人活下去。家人明白陈翰章的苦衷，父亲经常偷偷带着钱粮衣物进山看儿子，甚至还利用进山劝降的机会偷偷为他传递信息。这个布包就是他父亲被迫到密林劝降陈翰章时，陈翰章给的，一直保存至今。

1940 年 12 月 7 日夜，时任东北抗日联军第一路军第三方面军总指挥的陈翰章率部与日军作战。由于叛徒告密，陈翰章和战友被敌人包围，最终牺牲，年仅 27 岁。陈翰章被击中后并未当场牺牲，他用日语痛骂日军，恨其入骨的敌人将他的舌头割去，口不能言的陈翰章则怒目相视，敌人又剜其双目。日军又残暴地将他的头颅割下，浸泡在福尔马林液中，保存在当时伪满洲国首都新京（今长春）的“大陆科学院”，遗体则放在村里震慑群众。陈翰章牺牲后，父亲一病不起，1946 年在对儿子的思念中去世。

2013 年陈翰章诞辰 100 周年时，将军的遗首在故乡敦化陈翰章烈士陵园举行了“身首合葬”仪式。在庄严的国际歌声中，礼兵在将军的灵柩上覆盖了党旗、国旗。这位传奇抗联将领，终于在牺牲 73 年后获得了安息。

陈　亮

抗联女战士李敏手抄抗日歌曲集

不竭的歌声

这是东北抗日联军第六军第四师女战士李敏的手抄歌曲集。这本珍贵的笔记本，封面用白布包裹了一层，白布已经全部发黄了，上面还浸入了很深的水渍痕迹。封面上写着“东北抗联　第六军　李敏　1939 年 9 月于罗北”。这个笔记本原是李敏同志于 1939 年在鹤岗罗北县缴获日军的笔记本，此后李敏就用它来抄写歌词，在捐赠之前这个笔记本一直由她本人保存着。2010 年 6 月，李敏把它捐赠给中国人民抗日战争纪念馆。上面保存了抗战歌曲 80 余首，其中有“抗联教导队歌”“战斗歌”“全民抗日歌”，等等，这里有她个人写的，还有抗联将领赵尚志、她的丈夫陈雷等很多抗联将士写的歌词，她都抄录在这个笔记本上。

“碧草萧萧，树叶青青，满山野花颜色新……”歌本中这首《采山菜歌》，在 70 多年过去后，当年抗联女兵采野菜的小路依旧芳草萋萋，但能吟唱出这首歌曲的人已经少之又少了。李敏回忆说：“最艰苦的时候，我们就唱歌，是歌声给了我们坚持下来的信心和勇气。”通过这本小小的歌本，我们仿佛回到了白山黑水间，看见抗联战士们在冰天雪地里，在饥寒交迫中，穿着单薄的衣衫，啃树皮、吃草根，靠坚强的意志与穷凶极恶的日军作斗争。他们用热血染红了皑皑白雪。

李敏，原名李小凤，1924 年 11 月 5 日出生在黑龙江省汤原县梧桐河村（原属萝北县），祖籍朝鲜黄海道凤山郡。父亲李石远由于反对日本帝国主

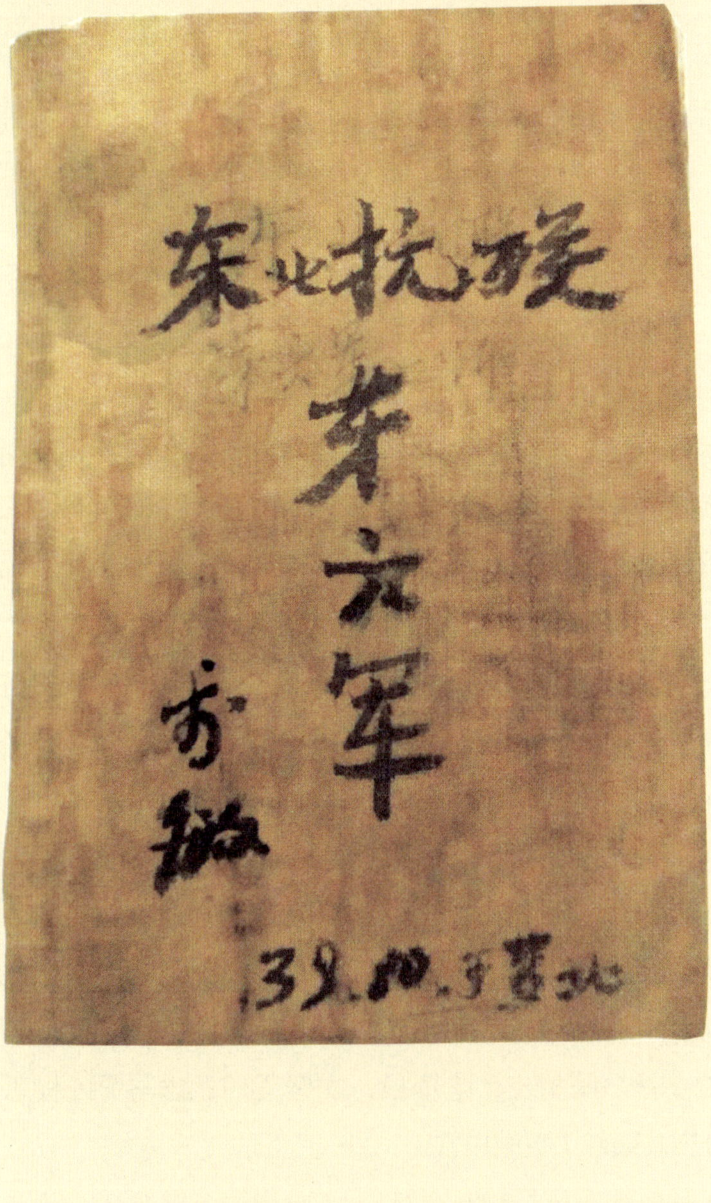
东北抗联
第六军

义侵略朝鲜，在20世纪20年代初流亡中国东北。九一八事变后，李石远在抗联第六军第一师任后勤处长，1938年牺牲。李敏的哥哥李云峰在抗联第六军第一师任团政治部主任，1942年为国捐躯，父子俩都成了抗日烈士。

九一八事变之后，7岁的小姑娘李敏哼唱着《列宁诞生歌》，在小兴安岭梧桐河村参加了抗日救国儿童团。1936年一个寒冷的冬天，在被敌人追捕的情况下，12岁的李敏和三个少年一起上山参加了抗日。1938年她在李兆麟将军的部队，被分配到第六军第四师，转战白山黑水之间，先后任宣传员、前方救护员。同年冬天，一场大雪覆盖了长白山以北的完达山脉。日伪军趁着大雪，进山对抗联第六军第四师进行“围剿”。李敏所在的密营被服厂、医院遭到日军包围，指导员裴成春在阻击中身负重伤，她对李敏等人说：“你们快走，我在后面掩护！”没等李敏和战友们冲出包围圈，身后便传来了裴大姐高呼“救国万岁”的声音。李敏蹚着没膝的积雪开道，却没见人跟上来。转身一看，发现本来跟在身后的战友又被包围了。不远处一个骑马的日本军官马刀一指，“哒哒哒”一梭子弹打来。李敏机智地滚进一个雪窝子里隐蔽起来，日本兵顺着脚印追去，李敏才得以虎口脱险。这次战斗，众多战友英勇牺牲，一个女兵排只有李敏只身突围出来。“那一天，烈士们的鲜血在茫茫雪地上染出了一条殷红的路……”这个悲壮的故事后来被编写成歌剧《星星之火》，裴成春等英雄儿女的形象感动了千万人。此剧的主题曲至今流传：“革命人永远是年轻，他好比大松树冬夏常青……”

1938年是东北抗日斗争最艰苦的时期，数十万日军对东北抗日联军发动了数次残酷的“围剿”。经过数年艰苦转战，三万余人的抗联队伍，只剩一千余人退往苏联。在共产国际和苏联共产党的帮助下，他们退到苏联境内休整，1942年8月，在苏联远东的维亚茨克小镇，“苏联远东红旗军第八十八独立步兵旅”正式成立，旅长、营长、连长等职务均由抗联军官担任，副职则由苏军代表担任，周保中担任旅长，成员大都是撤退到苏联的原中国东北抗联官兵。抗联战士们换上了苏军军装，使用苏军提供的武器，按照特种部队的标准进行训练，甚至使用了与苏联军队相同的军衔制度。李敏在那里接受了前线救护和无线电联络等训练，时刻准备打回国内。她还与一批女兵参加了跳伞训练，成为中国首批具备伞降能力的女兵，并从上等兵晋升为准尉。李敏在苏联经过训练后回国，先后完成了侦察，通信联络，破坏敌占区桥梁铁路仓库等多项任务，还参加了摧毁日军黑河军事要塞的作战行动。1945 年 8 月，随苏联红军进入东北。

2005 年，李敏被俄罗斯政府授予“朱可夫勋章”和“世界反法西斯战争胜利 60 周年纪念章”。

李文华

刘咸一、余澄夫妇在延安时的物品

马兰造纸俏

马兰纸、延安大生产的褥面和毛毯，这几件看似普普通通的物品，却都是抗战时期敌后抗日根据地的重要代表性物品。它们的主人是陕甘宁边区振华造纸厂厂长刘咸一和他的夫人余澄。

刘咸一，黑龙江望奎县人，1923 年因成绩优异得到张作霖的奖学金资助，留学日本，学习化学。柳条湖事件后继续得到张学良的资助，1930 年留学德国，在柏林工业大学学习。德国留学深造改变了刘咸一的人生轨迹和命运。他不但成为一名化学专家和机械学专家，而且成为一名职业革命家。1930 年，刘咸一加入由高尔基、宋庆龄发起成立的“反帝大同盟”，投身革命，并于 1933 年经江隆基、王炳南介绍，加入中国共产党。当时中共旅欧总支部在法国和德国设有支部，对外称“德国语言组”。德国支部的前三任书记分别是朱德、谢唯进和王炳南，刘咸一是第四任书记。1936 年，因党组织的工作信件被国民党政府驻德国大使馆特务截获，国民党驻德国大使程天放与德国纳粹的“冲锋队”勾结，企图破坏党的组织，将刘咸一逮捕。刘咸一的被捕激怒了“反帝大同盟”，从英国到法国、德国，都有人起来声援，呼吁立即释放。敌人拿不出什么铁证，又承受巨大舆论压力，不得不放人，但宣布将其“驱逐出境”。刘咸一几度辗转回到北平后，通过张学良的关系找到杨秀峰同志，重新与党组织取得联系。

余澄使用的延安大生产时期织造的褥面

马兰纸

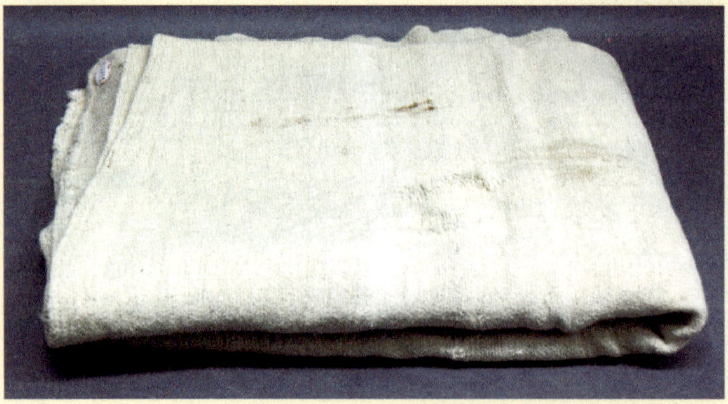

毛毯

余澄是晚清翰林家的四小姐，才貌双全，毕业于金陵女子大学，1933年加入中国共产党，是金陵女子大学最早奔赴延安的革命青年。刘咸一与余澄两人婚后不久，组织上就派夫妻二人到武汉八路军办事处，受董必武同志领导。在那里，他们结识了叶剑英等许多同志。随后，他们又随董必武去了重庆八路军办事处工作。1939年，他们在红岩见到了周恩来。周恩来了解了两人的情况，知道他们既是革命者，又有专业特长，通晓多国语言，正是当时延安最需要的人才。当年5月，周恩来和邓颖超从重庆返回延安时，就带上了刘咸一和余澄。于是，夫妻二人奔赴革命圣地延安，开始了全新的生活。

在延安，刘咸一利用自己的专业技能参与筹建了自然科学院，后任振华造纸厂厂长，夫人余澄在中国女子大学工作。抗战时期，日本侵略给中国造纸业造成重创，国民党将大批造纸厂迁往西南大后方，更对延安进行封锁，导致根据地物资供应匮乏、军民生活困难。吃穿自不必说，用纸尤其紧缺。战士们用树枝在地上练写字和学文化，连中央机关的办公用纸和造币纸也几近断档。刘咸一作为厂长，他责无旁贷。起初，造纸厂用稻草、杨木为原料尝试造纸，获得成功。但是，受边区自然条件限制，这两种原材料都不可能批量生产，必须寻找新的原材料。刘咸一带领大家在延安山沟里四处调查，发现当地的马兰草可以用作造纸原料，经过反复的试验研究，造纸成功并取名“马兰纸”。

从此马兰纸声名鹊起。该纸纸质坚韧洁亮，可印书报用。马兰纸的发明不仅解决了党政军机关的办公用纸和《解放日报》的印刷用纸，还解决了更高级的边币用纸。为此，朱德总司令在1942年的《游南泥湾》一诗中，写下“马兰造纸俏”的佳句以示赞扬。

刘咸一夜以继日地投身革命事业的同时，夫人余澄鼎力支持。她在家尽心照顾好家庭，在外作为延安女子大学教师将知识传授给边区军民，而且又当会计又当文书，忙得不可开交。在边区，夫妻二人深受群众爱戴，相处十分融洽。从1939年5月到1944年4月，他俩在延安度过了人生最辉煌、最幸福、最值得珍藏的日子。1944年余澄因医疗条件艰苦病逝，年仅37岁。

徐　源

石碾子

修建机场的“神器”

在中国人民抗日战争纪念馆主体建筑西侧的绿地上，安放有一件大型文物——抗战时期西南民众修建机场用的石碾子。它吸引了不少观众。有人去和石碾子比个子，也有人推上两下，但石碾子却纹丝不动。这个硕大的石碾子由混凝土浇筑而成，直径约1.8米，厚1.3米，重8吨，保存基本完整。它便是抗战时期修建四川新津机场时用的石碾子。

抗战时期，石碾子在四川、云南人民修建机场的劳动中，是最主要也是最大型的工具。也可以说，石碾子的使用为四川、云南人民修建机场的历史写下了不可或缺的一页。早在修筑滇缅公路的时候，在缺乏压路设施的情况下，云南人民就大量使用了碾压谷物的石碾子来代替压路机械。滇西各民族筑路民工以滇缅公路沿线的石材，打制成 3 吨或 5 吨重、直径 1.3—1.5 米的石碾子。这些石碾子，一个往往需要 50—100 人步调一致才能拉动。后来，石碾子被大量地运用于四川、云南机场建设。应该说，修建机场，在平地上使用石碾子比在斜坡上修公路使用的效果要好，加之机场对碾压的要求更高，因此，石碾子的直径相应地增加，有的达到 1.8 米。有的石碾子在使用过程中损耗很大，直径会逐步减少 20—30 厘米。事实上，打造一个石碾子，从采石到打制还是不容易的。于是，美军工程人员就用水泥直接浇筑而成。修建机场的每一道工序都需要石碾子，而使用石碾子需要步调一致，工人们都是唱着歌、踏着号子的节奏，拉着石碾子缓缓地前行，转弯的时候，有些民工还得原地踏步使之顺利转弯。数十甚至上百人同时行动，需要统一指挥、统一步伐，需要工人们同心协力的配合。人数众多的民工用石碾子碾压机场的场面是十分壮观的。

正是由于石碾子在抗战中不仅在抢修滇缅公路中发挥了作用，在大量修建机场方面更是立下了汗马功劳，以致声名赫赫。2015 年抗日战争胜利 70 周年之际，中国民用航空飞行学院将这件抗战“功臣”——抗战时期曾经用于修建新津机场和广汉机场的大型石碾子捐赠给中国人民抗日战争纪念馆。中国民用航空飞行学院所属的新津机场和广汉机场，在抗战期间为川西人民血汗凝聚而成。盟军美国的 B-29 轰炸机从这里起飞，于狂泻而下的炮弹中，日本九州、八幡制铁炼焦所几成灰烬。直至抗战胜利，从新津机场、广汉机场起飞的盟军战机屡挫日军锐气，战功卓著。中国民航飞行学院领导表示，新津机场和广汉机场在抗战期间发挥了重要作用，修建机场时用的石碾子承载了爱国主义、抗战精神和艰苦奋斗的精神特质，将它放到中国人民抗日战争纪念馆，可以更好地发挥它固有的教育价值。今天，人们来到中国人民抗日战争纪念馆参观时，可以看到这座石碾子，静静地躺在馆西侧绿地一角，这沉重的石碾子，在经历了岁月的洗礼后，而今依然坚如磐石。

任京培

旅菲华侨王雨亭送子回国时写的临别赠言

爱国情怀薪火相传

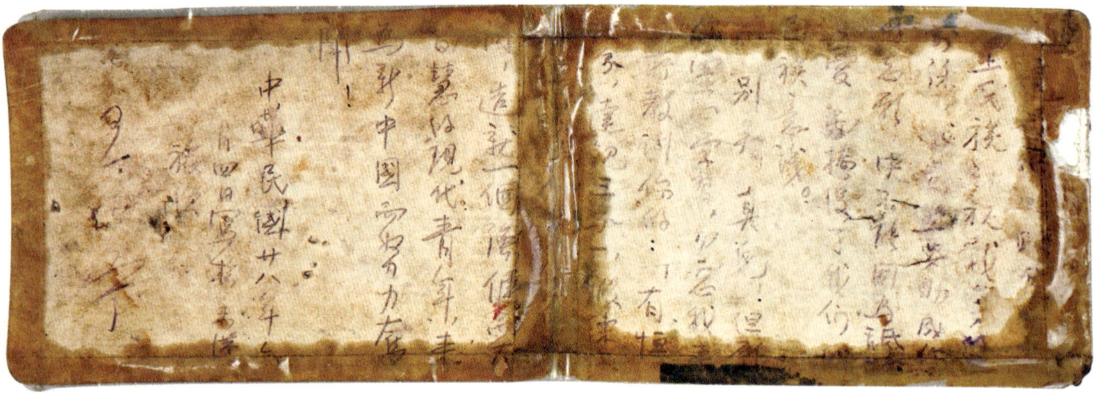

这是1939年6月4日，旅菲华侨王雨亭与儿子王唯真在香港分别时，写给儿子的临别赠言，告诉他决不会因为舐犊之爱而掩没了民族意识，勉励他走上抗日民族解放战争的最前线。它是爱国华侨积极参加祖国抗战历史的见证，国家一级文物。

王雨亭（1892—1967），福建泉州人。1908年赴马来西亚谋生。1912年加入同盟会。1936年创办中华影片公司，放映进步电影。1937年在菲律宾创办《前驱日报》，宣传抗日救亡思想，负责菲律宾华侨抗敌后援会的宣传工作，并募款支援抗战。他参与介绍了200多名爱国华侨青年回国参加八路军、新四军，并筹募款项和药品支援八路军、新四军。1938年加入中国共产党。

王唯真是王雨亭的儿子，从小受到父亲爱国思想的熏陶。全民族抗战爆发后，国内局势危急，这位年仅 16 岁的爱国少年心系祖国安危，多次恳求父亲允许自己回国参加抗战。1938 年 10 月，王雨亭送子回国参加抗战。王唯真从菲律宾踏上归国征程，途经香港，因为广州沦陷，直到 1939 年 6 月，他才从香港重新启程踏上去延安的路途。在香港分别时，父亲王雨亭给他写下了这封临别赠言。

真儿：

这是个大时代，你要踏上民族解放战争的最前线，我当然要助成你的志愿，决不能因为舐犊之爱而掩没了我们的民族意识。

别矣，真儿！但愿你虚心学习，勿忘我平时所教训你的“有恒七分，达观三分”，锻炼你的体魄，充实你的学问，造就一个强健而又智慧的现代青年，来为新中国而努力奋斗！

中华民国廿八年六月四日写于香港

王雨亭

家书的内容非常简短而又十分深刻。从中可以看出，身为父亲的王雨亭虽然对儿子有浓厚的“舐犊之爱”，但是国难当头，他毅然支持、鼓励儿子奔赴前线，完成儿子心中报效祖国的夙愿，也是他自己的毕生心愿，“你要踏上民族解放战争的最前线，我当然要助成你的志愿”。同时作为父亲，对于年纪尚轻的儿子奔赴前线内心也有担忧，叮嘱他“但愿你虚心学习，勿忘我平时所教训你的‘有恒七分，达观三分’，锻炼你的体魄，充实你的学问，造就一个强健而又智慧的现代青年，来为新中国而努力奋斗！”这句嘱咐同时也表达出他对儿子参加的民族解放事业充满期待，对新中国的未来充满期待！简短朴实的家信，王雨亭的深明大义和赤诚爱国情怀表现得淋漓尽致，令人感动和钦佩！

1939 年 8 月，王唯真到达西安，进入安吴堡青训班学习。学习结束后，他被安排到青干校的青年剧团工作。1940 年 10 月，加入中国共产党，1941

年 11 月，被组织安排到新华社从事翻译和编辑工作。他始终牢记父亲的嘱托，努力学习，日夜奋战在抗日战争的伟大事业中。

任建玲

白求恩临终前赠给游胜华的医疗器具

留下对同志对人民的极端的热忱

毛泽东在《纪念白求恩》一文中写道：“一个外国人，毫无利己的动机，把中国人民的解放事业当作他自己的事业，这是什么精神？这是国际主义的精神，这是共产主义的精神。”国际友人诺尔曼·白求恩不远万里来到中国，用自己的高超医术支援中国抗战，乃至奉献出宝贵生命的英雄事迹，因为毛泽东的这篇文章变得家喻户晓。

1939 年 11 月 12 日，白求恩因为抢救伤员划伤手指感染病菌，不幸逝世，为中国人民的民族解放事业献出了宝贵的生命。在他牺牲 68 年后，他的部分珍贵遗物入藏中国人民抗日战争纪念馆。2007 年 8 月 15 日，白求恩大夫的亲密战友、时任晋察冀军区卫生部副部长游胜华的家属，郑重地将白求恩大夫的五件珍贵遗物捐献给中国人民抗日战争纪念馆。

这五件遗物分别是：一件骨锥、一件止血钳、一件中钳、一件拉钩、一口木箱。前四件文物为胸外科医生使用的手术器械，是白求恩从加拿大带到中国，曾在历次火线战地救护中使用过的。他生前非常珍惜这些从国外带来的医疗器械。他在生命垂危之际写给时任晋察冀军区司令员聂荣臻的信（也就是常说的“白求恩遗嘱”）中，便有这样的嘱托：“给军区卫生部长两个箱子，游副部长八种手术器械，凌医生可以拿十五种，卫生学校的江校长让他任意挑选两种物品做纪念吧。”上述四件文物便是白求恩临终前送给游胜华的“八种手术器械”里的部分遗物。这四件器械分别刻有“MADE IN

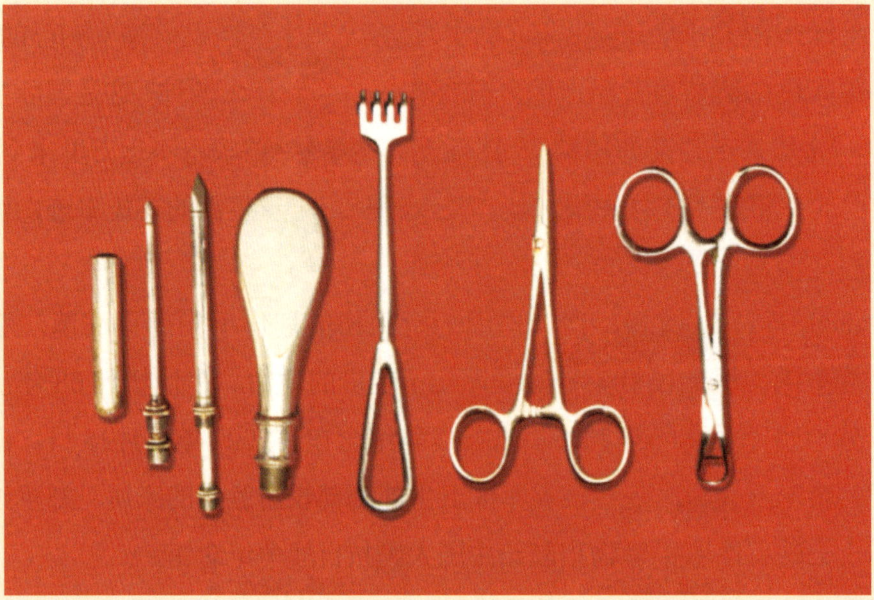

GERMAN（德国制造）”“MADE IN AMERICA（美国制造）”“STAINLESS STEEL（不锈钢）”等英文字样。时隔半个多世纪，它们仍熠熠闪光，结实可用，足见制造之精良，保存之完好。

至于那口木箱，白求恩在艰苦的战争岁月里曾用它装过手术器械和书籍，行军时将它绑在马背的驮架上，到达宿营地后，则放在炕上当小桌子用。白求恩遗嘱中所称“游副部长八种手术器械”便是装在这口木箱里一并送给游胜华的。

据游胜华的女儿游黎清介绍，父亲游胜华和母亲孟毅生前对白求恩赠送的遗物非常爱惜，他们在此后多年的戎马生涯里，行军打仗丢弃了很多东西，却始终随身带着白求恩大夫的遗赠，解放后更是当作传家宝一直珍藏着。游胜华晚年时又将这些传家宝分发给子女保存。游黎清还介绍说，1938年6月，白求恩大夫带着大批药品、显微镜、X光镜和许多手术器械来到晋察冀军区，担任卫生顾问。聂荣臻司令员指派游胜华专门配合白求恩工作，做白求恩的助手和学生，并负责白求恩的安全和生活。从此游胜华与白求恩朝夕相处。他们经常在一起手术、查房，一起上前线实施战地手术，一起到前线和后方医院检查指导工作。渐渐地，他们成为亲密战友，就连游胜华和孟毅二人的婚姻也是在白求恩热心帮助下促成的。

现在，这组文物在中国人民抗日战争纪念馆的基本陈列里展出，静静地向人们诉说那段虽已远去、但依然留存在人们记忆深处的感人至深的往事——一位伟大的国际主义战士，为了帮助中国人民的抗战事业，不远万里来到中国，不但带来高超的医术和精良的医疗器具，而且不顾危险亲临前线，挽救了无数八路军战士的生命，培养教育了无数八路军医务工作者，用满腔的热情支援中国人民的抗日斗争！这些珍贵的历史文物，再一次将不朽的白求恩精神播洒向曾经饱受欺凌、如今国富民强的中华大地。

任京培

彦涵创作的彭德怀指挥关家垴战斗木刻画

驻马太行战仇寇

中国人民抗日战争纪念馆藏有一件彦涵创作的木刻画，木刻画的内容为1940年底八路军副总司令彭德怀亲赴百团大战关家垴前线指挥战斗的情形。他右足踏在身前的石头上，呈弓步状，双手捧住望远镜观察敌情。

关家垴位于山西省武乡县城30公里左右的一片群山之中。1940年10月中旬，敌人从各据点抽调大部兵力，对八路军总部所在的武乡县境进行疯狂“扫荡”，妄图消灭八路军首脑机关。敌人首先集中火力猛攻总部驻地武乡县砖壁村。面对张牙舞爪、蜂拥而至的日军，彭德怀沉着指挥战斗，命令第三八六旅和第三八五旅前后夹击，打得敌人狼狈逃窜。19日，敌人又从辽县（今左权县）、沁州等大据点出动，继续对太北区进行“扫荡”。10月30日，由黎城县水腰山窜至武乡县左会的第三十六师团冈崎大队在八路军截击、尾追下，企图回窜沁县老巢。彭德怀摸清日军动向后，连夜部署兵力，将这些敌人逼迫在武乡东面的关家垴、柳树垴一带高地上。八路军第三八五旅、三八六旅、新十旅及决死队各一部，分别从东南、正南、西面、西北面四个方向，把关家垴高地紧紧包围起来。彭德怀在距敌仅500米远的炮团哨所里，手拿望远镜边观察边指挥战斗。在彭德怀的直接指挥下，炮兵准确地摧毁了敌寇的前沿阵地；八路军总部警卫连等突击部队趁敌人混乱之机，迅速冲到了敌人以窑房作工事的关家垴村内，投出大量的手榴弹，接着又与敌人进行刀枪相接的白刃格斗。在战斗中，彭德怀不顾个人安危，冒着枪林

弹雨亲临火线。八路军官兵倍受鼓舞，个个奋勇杀敌。总部警卫连连长唐万成打红了眼，从受伤的战士手中夺过转盘机枪，边喊着“同志们，跟着彭老总冲锋”，边端着机枪狂扫着向关家垴高地冲上去，突然，他的右臂被一颗子弹击中，脚底一个趔趄，连人带枪滚下了山坡……

木刻画是根据战地记者拍的照片创作，1995 年杨尚昆视察太行山时，该照片得到了他的证实，据当时担任北方局书记的杨尚昆回忆说，战地记者抓拍此照时，他就在彭德怀的身边。

陶武亮

萧克向中央军委的报告手稿

挺进冀热察

这份手稿是著名抗日将领萧克于1940年2月1日关于冀热察工作开展后向中共中央军委提交的报告，其主要内容是关于“巩固平西，坚持冀东，发展平北”的“三位一体”战略任务。散页共8页，有装订痕迹，内文字体为行草，用毛笔竖行书写。另外，军委的回电稿抄件粘在第8页偏左半部。这份珍贵的手稿历经艰险最终幸运地保存下来，随着岁月的流逝虽然纸张已经有些发黄变脆，但苍劲有力的字迹却依然清晰可辨。

萧克（1907—2008），抗日战争时期任八路军第一二〇师副师长，冀热察挺进军司令员。报告手稿所说的“三位一体”的故事是这样的。

在七七事变之前，冀东、察哈尔、热河地区就已被日伪所控制。萧克等人清楚地认识到，在这个地区开展游击战争的意义重大：向东可以与东北抗日联军相呼应，向北可以靠近外蒙，还可以与西面的大青山根据地相配合，更使得平西与冀东能够形成紧密回旋之势。再加上这一地区群众的抗日情绪高涨，很有利于抗日斗争的发展，对将来收复关内外失地关系也非常大。于是，冀热察挺进军的组建应运而生。

1939年2月7日，经过中央的研究决定，以八路军第四纵队为基础，在平西地区成立八路军冀热察挺进军，萧克任司令员。当时，萧克对于冀热察地区的抗战前途，斗志满满，他还作了一首诗：“北渡拒马河，百花山在望。建立挺进军，深入敌心脏。放眼冀热察，前途不可量。军民同协力，胜过诸

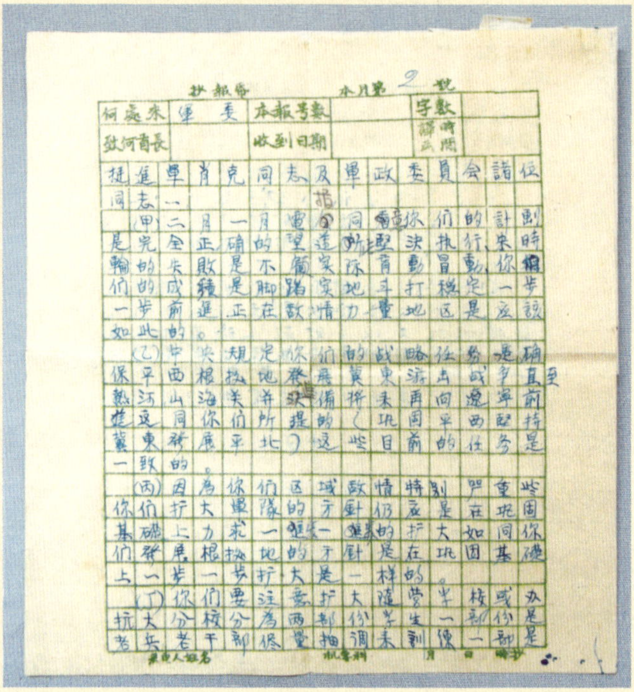

军委回电稿抄件

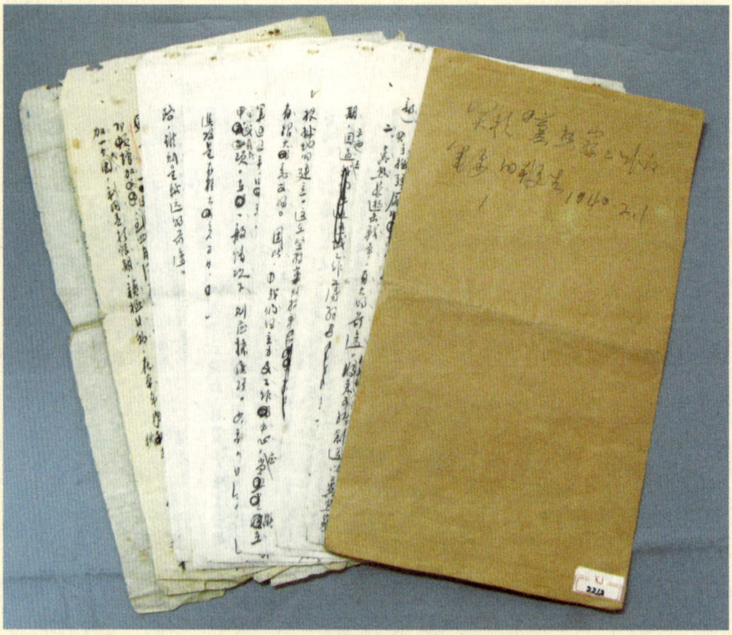

萧克关于冀热察工作开展后向军委的报告手稿

葛亮。抗战虽持久，笑我力正壮。”

起初，冀热察的抗战情况较为乐观，但没过多久，中央根据全国抗战形势认为应该先稳住平西阵地，只派少数游击队前往冀东进行游击战。这令萧克略感失落，他压抑住自己的心情遵照了中央命令。不久后，日军将主要精力放在敌后，多次向平西进行“扫荡”，但挺进军主力在平西多次将敌人打退，成功守住了重要阵地。萧克从中也认识到挺进军在冀热察需要步步为营，不能急于求成。

此后，经过大半年的游击战争，期间多次粉碎了敌人的“扫荡”，根据地也得到稳固与发展。当时的情况是冀热察地区军民力量不小，但如若主力不向东挺进，平西地区的发展将受到限制。倘若在平西、平北、冀东地区能够协同作战，利用区位优势威胁日伪军指挥中枢乃至进入伪满境内，对于配合华北各地以及正面战场，创造反攻机会，将形成大好局面，但具体该怎么做，是冀热察挺进军必须要思考的问题。

萧克认真通读《论持久战》《孙子兵法》以及《战争论》等著作，经过日日夜夜的思索，不断总结分析后，逐渐形成了“巩固平西，坚持冀东，发展平北”的思路。他认为首先平西作为大本营不能削弱，必须站稳脚跟，使得东、西联系更为紧密。1939 年 11 月，萧克在区党委和挺进军军政委员会联席会议上正式提出了以“巩固平西抗日根据地，坚持冀东游击战争，开展平北新的游击根据地”的“三位一体”的战略方针。1940 年 2 月 11 日，萧克向中央军委提交了报告。

冀热察地区军民经过几年的奋斗拼搏与流血牺牲，到 1941 年时，平西、平北、冀东这三个地区真正变成了“三位一体”的大根据地。东为冀东，西为平西，南为大清河，北为平北抗日根据地。敌人控制下的北平完全处在八路军的战略包围之中，这为夺取抗日战争在华北地区的最后胜利奠定了坚实的基础。

1990 年，萧克将这份珍贵的手稿捐赠给中国人民抗日战争纪念馆，他说：“这些东西放在我自己手里意义不大，放在纪念馆不但有利于热心研究抗日战争史的同志们，更有利于教育年青一代不忘战争的灾难，鞭策他们发奋图强，中华民族强盛了才能不受外来侵略。”

徐　源

徐灵和他的木刻画

当革命时，版画之用最广

在中国人民抗日战争纪念馆珍藏着徐灵的一组木刻作品。抗日战争时期，作为抗战宣传的利器，在报章、杂志等许多不同的宣传品上，抗战木刻常呈现其间。据各方木刻工作者的报告，抗战木刻宣传不仅是量的普遍，而且在效果上也有很大的收获，不少民众被木刻所说服，他们在木刻展览会中感动而兴奋起来。徐灵是中国人民抗日战争纪念馆木刻画收藏最多的一位版刻家。

徐灵，原名徐海成，1918 年生于天津一个城市贫民家庭。徐灵小学毕业后，父亲无力供他读书，让他到一个小百货店里去学徒，但他违背父命，硬是考上了河北省立师范学校。当时正处于九一八事变以后，国事、家事使他开始阅读进步书刊。在天津《益世报》上不时发表宣传抗日爱国、抨击时弊的漫画。在参加“一二•九”“一•二六”学生运动后，于 1936 年在天津参加了共产党的外围组织——中华民族解放先锋队。师范毕业后，徐灵考入北平国立艺专，走上一条爱国、抗日、革命的道路。

1938 年夏，徐灵绕道汉口“民先”总部奔赴延安。途经广东汕头时，被当地国民党特务扣押，经“民先”总部营救出狱。同年 11 月，徐灵在延安抗日军政大学四期二大队（即东北干部队）学习毕业，开赴晋察冀军区。1939 年初调任西北战地服务团（简称“西战团”）美术队队长。1941 年加入中国共产党。1943 年“西战团”回延安，徐灵则留在晋察冀军区抗敌剧社

劳动模范李杏阁

把歌声灌进乡村

日兵之家

任美术队副队长。作为一名版画艺术家，徐灵创作了大量的木刻和美术作品，反映了时代，跟上了时代，无愧于自己所属的时代。在抗日战争纪念馆收藏的，主要是徐灵1940年至1942年期间创作的作品。

中国的木刻是伟大的文学家鲁迅先生一手提倡、培植起来的。从一开始就有明确的目的，他说："当革命时，版画之用最广，虽极匆忙，顷刻能办。"鲁迅先生极有预见，木刻在抗日战争中起到了极大的积极作用。抗战爆发，中华民族已经觉醒，这首先表现在国内的团结上，木刻也配合着民族革命的内容展开。其时，许多大的都市被敌人占领了，木刻工作者深入到农村进行创作、宣传。徐灵在此期间创作了《我选王二禾》（1940年）、《劳动模范李杏阁》（1941年）、《把歌声灌进乡村》（1942年）等。如《把歌声灌进乡村》反映了在一个战士的指挥下，从未接触过新文化的农民，引吭高歌，是在乡村普及战时文化的写照。作品生动朴实，具有浓郁的时代气息。特别值得一提的是徐灵在1941年创作的《日兵之家》，此画印在"在华日本人民反战同盟晋察冀支部"创作的明信片上，明信片上还印有日文诗："自从你出征后老母妻儿日夜思念，妻儿已卧病在床，长时间未接来信，更添愁肠。出征时的照片今已落上灰尘，寒冷的冬天因煤炭缺乏，火盆中的火已将尽。"这样的明信片被放入"慰问袋"中，在新年之际，向走到侵华战场的日军士兵散发，以图启发他们的思乡厌战之情。这幅木刻荣获1942年度晋察冀边区鲁迅文艺奖金。为对敌思想政治攻势提供的这个明信片，针对敌人的生活实际和思想状况而设计，收效甚大。

在徐灵的作品中，爱憎是十分鲜明的，这是他的画风，也表现了他的人格，从他留下的作品便可证实。1995年，徐灵的夫人侯星将徐灵82幅木刻画捐赠给中国人民抗日战争纪念馆，其中14幅被评定为国家一级文物。

任京培

抗战父子梁景号、梁建峰遗物

大敌当前，应以抗日救国为重

在河北高阳县梁家庄有一对抗战父子，父亲为抗战负伤，儿子在战斗中牺牲。他们就是梁景号、梁建峰父子。这里展示的是梁景号的抗战负伤荣誉证和梁建峰烈士遗下的皮带。

梁景号是一个富有正义感和民族意识的人，在当地颇有名望。其长子梁建峰生于1921年6月，1934年夏考入保定省立第六中学。六中设有武术课，梁建峰在学业之余，常练习刀枪剑戟和拳术，练就了一身好武术，在校人称“杨延昭”，远近闻名。在乡时，村里的青少年常来向他请教拳术，他把本村的青少年组织起来在月光下练武，传授技艺。

七七事变后，日军迅速侵占华北，高阳县城也被占领。残暴的日军在附近村庄屠杀百姓，目不忍睹，耳不忍闻。沉痛与愤怒激发了梁建峰抗日救国的决心，毅然投笔从戎。他极力促使父亲梁景号发起救国救民行动，依靠梁景号的声望，经多方联络，组织起青壮年200余人，收集大枪30余支，建立起一支颇有影响的地方武装。之后，他们拉上队伍，参加了孟庆山领导的河北游击军。父亲梁景号在游击军任管理员，梁建峰则被分配到游击军政治部任青年干事，并于1938年初光荣加入中国共产党。

1938年秋，梁建峰在孟庆山收编土匪队伍徐二黑的工作中，发挥了重要作用。但徐二黑的队伍在收编之后，企图叛变，脱离革命队伍。梁建峰不顾个人安危，冒着生命危险，深入到徐部士兵中，做争取工作。徐二黑

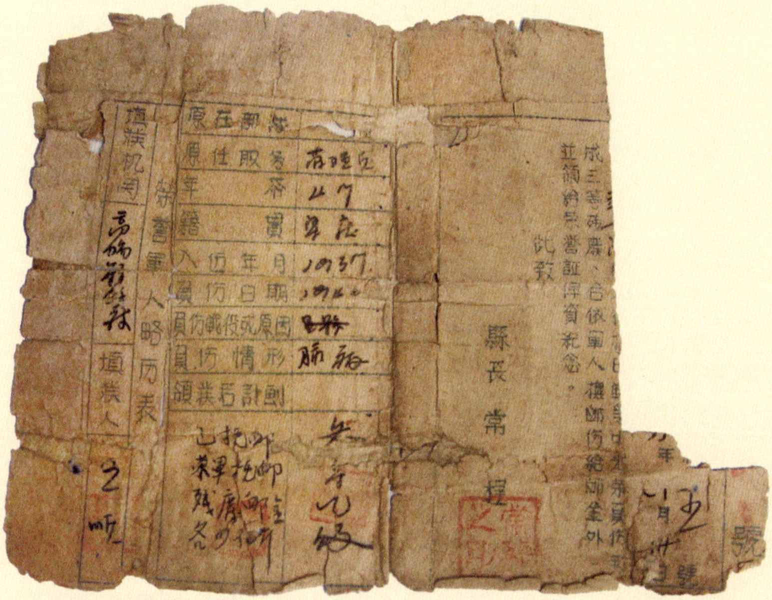

榮譽軍人略历表
原在部隊
原任職務
年　齡
籍　貫
入伍年月
負傷日期
負傷戰役或原因
負傷情形
領奖后計劃
此致
縣長

发现后，立即把梁建峰和其他几个同志扣压起来。梁建峰毫不畏惧，晓之以理，动之以情，促使其最后悬崖勒马。梁建峰争取了大批士兵回到抗日队伍中来，充分展示了他的杰出才干，此举得到游击军司令员孟庆山的高度赞扬。

1939 年春，梁建峰被调到冀中军区四分区开展青年工作。不久，四分区为了培训干部，成立了一个教导队，梁建峰任教导队教员。他废寝忘食带病坚持给学员们上课。

1940 年，父亲梁景号在反“扫荡”中罹患肺病，回家休养，高阳县政府县长常程给他签发了“抗战负伤荣誉证”，标明负伤等级为三等乙级。母亲让梁建峰的弟弟梁建阁两次到部队，叫梁建峰回家看望父亲。梁建峰却对弟弟说：“现在大敌当前，应以抗日救国为重。我是带兵打仗的，今天在这里，明天又不知到哪里打仗，怎么能把部队丢下回家去呢？我们在前线杀敌，为百姓报仇雪恨，你在家乡积极参加抗日工作，照顾父母，才能对得起父母兄弟；父母的事，有你一人在身边照顾就行了，我不能随便离开部队。家里的事，哥哥我拜托了。我身为一个共产党员，要以党和国家利益为重。只有杀敌立功，才能对得起父母。我为抗日救国，不怕流血牺牲，即使在战斗中死了，也完全值得，你们不要悲伤。回去告诉父母，你们不要老惦记着我。要永远跟着共产党、毛主席走。环境无论多么残酷，也要经得住考验。要想打倒日本帝国主义，不付出代价是不可能的。”

梁建阁把梁建峰的话转达给父母以后，梁景号流着泪说：“孩子做得对，有这样的孩子，我死也瞑目，今后就不要牵连他了。”梁建峰舍小家为大家，在行军作战中曾四过家门而不入。

1941 年 12 月 30 日，梁建峰随部队第十八团从定县东杨村出发，连夜行军到博野县的里村，遭遇附近据点的伪军突然袭击。梁建峰身先士卒，挥起驳壳枪率部冲上去，与敌人展开了激烈的战斗，杀出一条血路，掩护团部大部突出了重围，后又返回营救被围困的两个连，不幸中弹牺牲。

梁建峰牺牲后，伴随他抗战的皮带一直由家人保存着。2015 年 8 月，梁景号之孙梁国策将祖父的抗战负伤荣誉证和伯父梁建峰的皮带及烈士证明书一并捐赠给中国人民抗日战争纪念馆。

徐 源

英雄母亲邓玉芬用过的煎饼鏊子

舍家纾难　无私奉献

纪念中国人民抗日战争暨世界反法西斯战争胜利70周年主题展览《伟大胜利历史贡献》，在展示中国共产党“发动群众，巩固和发展敌后抗日根据地”内容的展厅里，立有一位普通农妇的半身塑像，供人瞻仰纪念。她就是把一切献给抗日，舍家纾难、无私奉献的“英雄母亲”邓玉芬。

展柜里还陈列着一个对于今天大多数人来说非常陌生的器物：铸铁制作，圆形圈足，中心向上稍凸，还配有一个大小相当的盖子。这个锈迹斑斑、制作简陋的器物叫作煎饼鏊子，北京市密云县又称“米黄钵钵”。这是

当年邓玉芬为八路军伤病员制作干粮的炊具，是八路军与人民群众鱼水情深的历史见证，也是百姓抗战的珍贵文物。

邓玉芬（1891—1970），出生于北京市密云县云蒙山深处水泉峪村的一户贫苦家庭。丈夫任宗武是邻村张家坟村一个朴实勤劳的庄户人。邓玉芬年复一年的辛苦劳作，含辛茹苦地先后拉扯起 7 个儿子。

1931 年日本发动九一八事变，1932 年日本又扶植成立傀儡政权伪“满洲国”。1933 年 5 月长城抗战后，密云县长城以外的地区被日本侵略者占领，邓玉芬的家乡被划入伪满洲国。1937 年 7 月 7 日卢沟桥事变爆发，日伪对密云的统治更加严密残酷，邓玉芬和乡亲们对日伪的统治更加痛恨，日夜盼望着中国军队能早点打回来。

1940 年 4 月，八路军晋察冀军区步兵第十团在团长白乙化的率领下，挺进平北，开辟了以密云西部山区为中心的丰（宁）滦（平）密（云）抗日根据地。八路军战士给在猪头岭开荒的邓玉芬等人宣讲抗日道理，邓玉芬深深感到只有跟着共产党，跟着八路军打鬼子，才能真正改变国家、家庭和自己的命运。

6 月，八路军第十团来组织游击队。邓玉芬和丈夫商量，先后将长子任永全、次子任永水、三子任永兴送去参加白河游击队。三个儿子不久都随着游击队升编为主力部队到外地作战，邓玉芬在家也积极投入抗日斗争。她承担起全部家务活，并带领几个小儿子开荒种地，让丈夫为八路军运送军粮弹药，传递情报。

邓玉芬冒着生命危险掩护和救治八路军和县区干部。她给八路军伤病员喂汤喂水，补充营养，给他们找药，拆洗缝补衣物，从不嫌苦嫌累。她把自家大部分粮食省下来，甚至连杏干、杏仁、倭瓜籽之类的也精心收攒起来，留给八路军伤病员。即便如此，身体虚弱的八路军伤病员也只能长期食用粗粮，不但难以下咽，营养也跟不上。看着八路军伤病员憔悴的面孔，吞吃粗糙的窝窝头时痛苦皱起的眉头，邓玉芬心里像针扎了一样难受。为了给八路军伤病员补充营养，她特意养了几只母鸡，下的蛋用来给伤病员补养。邓玉芬按照以前贫苦人家改善生活时粗粮细作的办法，找来煎饼鏊子，支上火，将小米、玉米等配上鸡蛋，做成软硬适中、营养丰富的厚煎饼，让八路军伤病员吃起来既有营养，又香甜可口。而她自己和孩子们则以粗糠、树叶、野菜搭着充饥。她告诉孩子们：八路军伤病员早日恢复健康，就能消灭更多的敌人，最终大家才能过上好日子。经过邓玉芬的悉心照料，一个又一个八路军伤病员康复了，重新走上抗日战场，抗击日本侵略者。八路军第十团的指战员和丰滦密根据地的县区干部、游击队员人人都知道，猪头岭上有个温暖的家，家里有一位亲切慈祥的邓妈妈。

1941 年邓玉芬又将丈夫任宗武、四子任永合、五子任永安父子三人送去参加抗日自卫军模范队。1942 年 3 月，父子三人在百梯子不幸遭到马营据点日军偷袭，丈夫和五子两人当场遇害，四子也被抓走。1942 年秋，长子任永全在冀东保卫盘山抗日根据地的一次战斗中英勇牺牲。1943 年夏，被抓走的四子任永合惨死在鞍山监狱中。同年秋，次子任永水在战斗中负伤回家休养，因伤情恶化无药医治死在家里。1944 年春，日伪军对猪头岭一带反复梳篦“扫荡”了七天七夜。为了掩护藏在附近的乡亲和干部们，邓玉芬眼睁睁地看着幼子连病带饿死在怀里。

一个接一个的不幸没有压倒这位坚强的母亲，反而更加激发了邓玉芬对抗日工作的热情。每天她都拼命地干，春播、秋收、做军鞋、照料伤员。她对子弟兵也更亲了，在她的心里，每个八路军战士都是她的儿子，都是她的希望。

为了民族的独立和解放，邓玉芬舍家纾难、无私奉献，先后将丈夫和儿子送上战场，她的感人事迹在丰滦密大地广为传颂，被誉为“英雄母亲”。2014 年，抗战馆文物征集人员来到张家坟村邓玉芬之孙任连国先生家中，征集到邓玉芬为八路军伤病员制作干粮的炊具煎饼鏊子和抗战时期邓玉芬使用的蜡扦子等珍贵文物。

人民是推动历史前进的巨轮。为了取得抗日战争的胜利，无数老百姓为之付出了辛劳、汗水、青春乃至生命。邓玉芬就是他们中的杰出代表。2014年7月7日上午，中共中央总书记、国家主席、中央军委主席习近平出席全民族抗战爆发77周年纪念活动，并发表重要讲话。习总书记讲道：“在这场救亡图存的伟大斗争中，中华儿女为中华民族独立和自由不惜抛头颅、洒热血，母亲送儿打日寇，妻子送郎上战场，男女老少齐动员。”总书记特别提到邓玉芬的感人事迹。她不但为抗日献出了一切，还给后人留下了宝贵的精神遗产，她用行动树立起了英雄母亲的丰碑，永远值得我们纪念和学习。

陈　亮

“张自忠将军初葬处”石碑
为国牺牲是无上光荣

中国人民抗日战争纪念馆馆藏文物中有一块碑形并不规整的石碑，略带潦草的碑文上刻“张上将初葬处 1940.5.16”。石碑高69厘米，宽33厘米，厚9厘米，重46.5公斤，斑驳的碑面传递出当年兵荒马乱的战地气息，就是这样一块不怎么起眼的石碑，却是一件国家一级文物，因为它是中国抗日战争乃至世界反法西斯战争中同盟国所有牺牲军人中军衔最高的将领——张自忠将军牺牲时厝葬处纪念碑。

张自忠，生于1891年，字荩忱，山东临清市唐元村人，牺牲时为陆军上将、国民革命军第三十三集团军总司令。

张自忠1911年考入天津法政学校，次年转入济南法政专科学校。1914年，他投笔从戎，入冯玉祥西北军，历任排长、连长、营长、团长、旅长、师长等职，并先后兼任察哈尔省主席、天津市市长。1931年后任第二十九军第三十八师师长。1933年参加长城抗战，任喜峰口第二十九军前线总指挥，打退了日军，守住了阵地。全国抗战爆发后，先后任第五十九军军长、第三十三集团军总司令兼第五战区右翼兵团司令等职。1938年3月，日军进犯台儿庄，奉命率第五十九军急行军增援台儿庄作战，为整个战役胜利赢得了时间。

1940年5月，中国军队与日军15万精锐部队在枣阳、襄阳、宜昌等地进行枣宜会战。他亲自率领部队与敌寇决战。1940年5月16日，一天之内，

张自忠自晨至午，一直疾呼督战，午时，他左臂中弹仍坚持指挥作战。在部队被敌层层包围的不利态势下，他身先士卒、冲锋在前、力战不退，与敌寇拼死搏杀，到下午2时，张自忠手下只剩下数百官兵，他将自己的卫队悉数调去前方增援，身边只剩下高级参谋张敬和副官马孝堂等八人，最后身中七弹，壮烈殉国。弥留之际，他留下最后一句话："我力战而死，自问对国家、对民族、对长官可告无愧，良心平安！"

张自忠将军在对日抗战中所展现出的军人武德，连当时崇尚军国主义的日军都为之感动，对他表现了极大的崇敬，由军医用酒精仔细清洗遗体，并包扎好伤口，郑重装殓，放进赶制的棺材里。此棺被葬于陈家集（现湖北省襄阳县内）陈家祠堂后面一处山坡上，并竖一木牌，上书："支那大将张自忠之墓。"两天后，张自忠的遗体被我方找到，第三十三集团军三十八师师长黄维纲奉命将张自忠遗体抢运出战场。后张自忠遗体被转葬重庆，国民政府为张自忠将军举行了隆重的葬礼。第三十八师还派人在浅葬处立了一块石碑，刻有"张上将初葬处 1940.5.16"字样。

1952年，该石碑被湖北省襄阳区峪山镇陈家集村农民陈广华在政府分给他家的农田里发现并收藏。后据他回忆，1940年5月，张自忠将军殉难时，他刚满5岁，常听老人们谈起张自忠抗战的英雄故事，对张将军十分敬仰。他说："我收藏这一抗战文物这么多年，就是为了永久纪念张将军。现在我把文物捐给国家，是为了让更多的人牢记历史，不忘忠魂。"2000年，张自忠将军的女儿张廉云前往湖北襄阳，在陈家集村看到此碑，回京后，将此消息告诉中国人民抗日战争纪念馆，经过七年的不断努力，终于在2007年6月22日征集到馆。

目前国内与张自忠将军有关的实物非常少，而这块纪念碑则填补了抗战馆这方面的空白，"它不仅是张将军英勇捐躯的见证，也是抗战精神的真实体现"。新中国成立后，人民政府追认张自忠将军为革命烈士，将烈士墓扩建为张自忠烈士陵园，并于1986年10月，由民政部批准为第一批全国重点烈士纪念建筑物保护单位。北京、天津、武汉等城市建有“张自忠路”。张自忠将军为国家为民族不避艰险、不惜牺牲的勇气和精神永远活在中国人民心中。

任京培

1941年白乙化手稿《备忘录》

永远的“小白龙”

这是一份白乙化牺牲前的手稿《备忘录》，记录了白乙化在工作和学习中的点滴感悟与收获，不仅是晋察冀军区第十团（即冀热察挺进军第十团）发展历程的见证，而且也是执行冀热察挺进军“发展平北”战略的重要物证，具有很高的史料价值。1990 年此手稿由原十团政委吴涛的夫人耿真捐赠抗战馆，被评为国家一级文物。

白乙化，满族，八路军晋察冀军区第十团团长。因乳名叫“小龙”，因而被誉为“小白龙”。1929 年考入北平中国大学预科。1930 年加入中国共产党。1931 年九一八事变后参加了共青团北平市委组织的东北义勇军。1933 年回北平读书，被推选为中国大学学生会主席，因参加一二·九运动被捕，出狱后任中华民族解放先锋队夏令营总队长。卢沟桥事变后，组建抗日民族先锋队。1939 年春，他率领抗日先锋队从内蒙古来到平西，与冀东大暴动的抗日联军合并，组成华北人民抗日联军，任副司令员。1939 年底，抗日联军改编为八路军晋察冀军区第十团，白乙化任团长。1940 年初，率第十团与兄弟部队配合，反击近万名日伪军对平西根据地的“扫荡”，期间击落敌机 1 架。4 月率部具体贯彻执行冀热察挺进军“巩固平西，坚持冀东，发展平北”战略计划中开辟平北根据地的任务，组建丰（宁）滦（平）密（云）联合县。1941 年 2 月初，被任命为平北军分区副司令员。赴任前，突然接到滦平县日伪讨伐队 170 多人向根据地扑来的情报。4 日，为了尽快歼灭这股敌

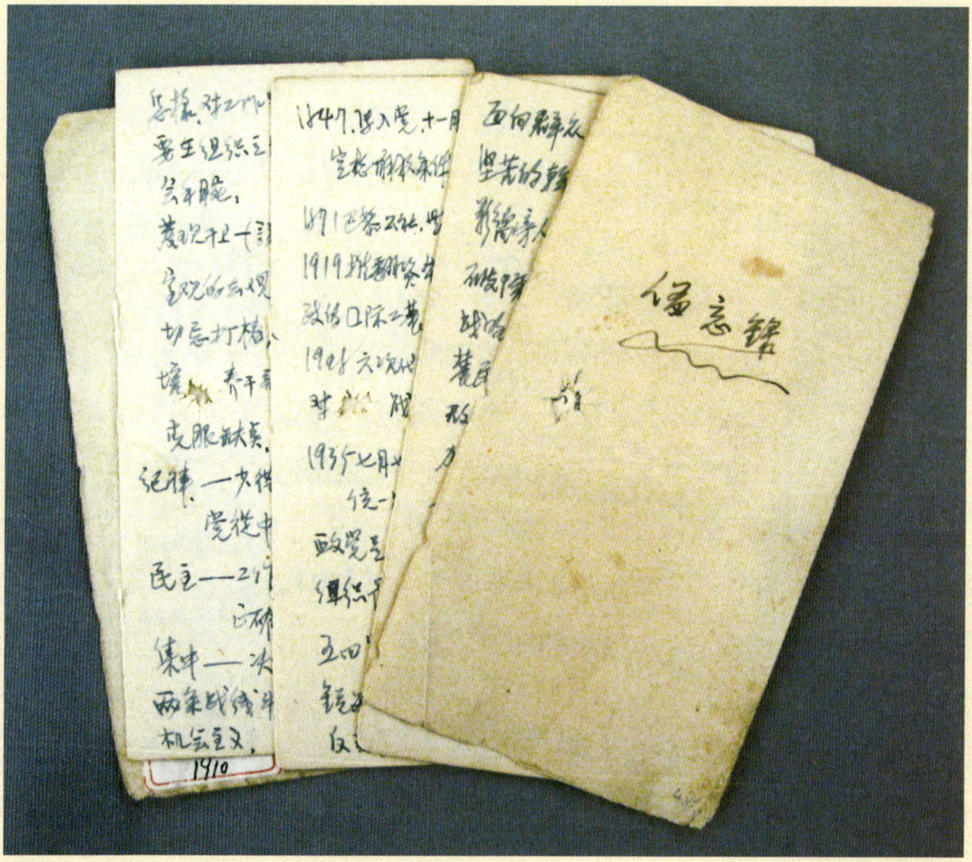
備忘錄

人，白乙化立即做好战斗部署，在密云马营西山一带，对敌实施伏击。在激战中他不幸中弹牺牲。

这本备忘录正是1941年白乙化牺牲前所记录的，其中写道：“面向群众，组织工农成分革命者，艰苦的干，整理革命习惯，建（健）全自己影响旁人。破除太平观念，积极每天工作，战略的内线防卫战，外线的进攻战，农民等组织要靠长期抗战来摧毁敌人，退却是为了培养抗战力量，以武力夺取最后胜利，为了反攻的准备”，“战术的胜利，可以促成战略的胜利，战略的胜利，也可以促成战术的胜利，巩固部队是保障战斗的胜利。组织各级组织，严密检查督促，上级替下级负责，干部在党内生活及政治生活的重要。在伟大中艰苦学习，诚恳学习，虚心接受同志的批评。革命胜利的时候成功，失败的时候退却。节省，培养，训练干部，集体导领，统一指挥，反对游击主义，健全党内生活，反对英雄、军阀主义”。从这些记录的笔记中，我们可以看到白乙化不仅是一名以身作则、率先垂范的中国共产党党员，而且还是一位立场坚定、工作认真、善于学习的军事领导。

白乙化牺牲后，八路军冀热察挺进军发表了《告全军同志书》，文中对白乙化给予了高度评价：“他的牺牲不但是八路军挺进军的损失，而且是中国共产党和中华民族的一个很大损失！损失了一个有丰富军事经验的优秀指挥员，损失了一个有着长期斗争历史的坚强的党的干部，损失了一个曾为民族独立而不屈不挠、艰苦奋斗的民族英雄。”

桂星星

关于挺进军十团的几封信

筑起华北敌后抗战的坚强堡垒

中国人民抗日战争纪念馆珍藏着与冀热察挺进军第十团有关的四封信件，分别是：冀东军分区政委李楚离给挺进军第十团团长白乙化等的信，平北军分区政治部主任段苏权给白乙化等的信，冀东军分区司令员李运昌给第十二军分区十团政委曾威等的信，李运昌给平北军分区十团团长王亢的信。这四封信的内文都是用钢笔书写，它们反映了北京和周边地区敌后抗战的一段波澜壮阔的历史。

1939 年初，八路军晋察冀军区在平西建立了以萧克为首的冀热察挺进军，并确立了“巩固平西，坚持冀东，发展平北”“三位一体”的工作方针。进入 1940 年，在平西，平西抗日根据地发展为东北至平绥路，北至张家口，南至紫荆关，与晋察冀中心区连成一片的约有 30 万人口的巩固根据地，设立了第六专署。在平北，白乙化等人领导的华北人民抗日联军于 1940 年 1 月改编为八路军晋察冀军区第十团，白乙化任团长，才山任参谋长，吴涛任政治处主任，辖属一、三两个营。是年初，冀热察区党委和挺进军派苏梅、钟辉琨带一个主力连和平北游击支队进入平北，站住脚之后，又派白乙化率第十团开入平北，很快建立了数块游击根据地。到年底，平北发展为有 5 个抗日联合县政府和 40 万人口的大块游击根据地，设立了第十四专署。在冀东，抗日游击战争到 1940 年底发展成为拥有 100 余万

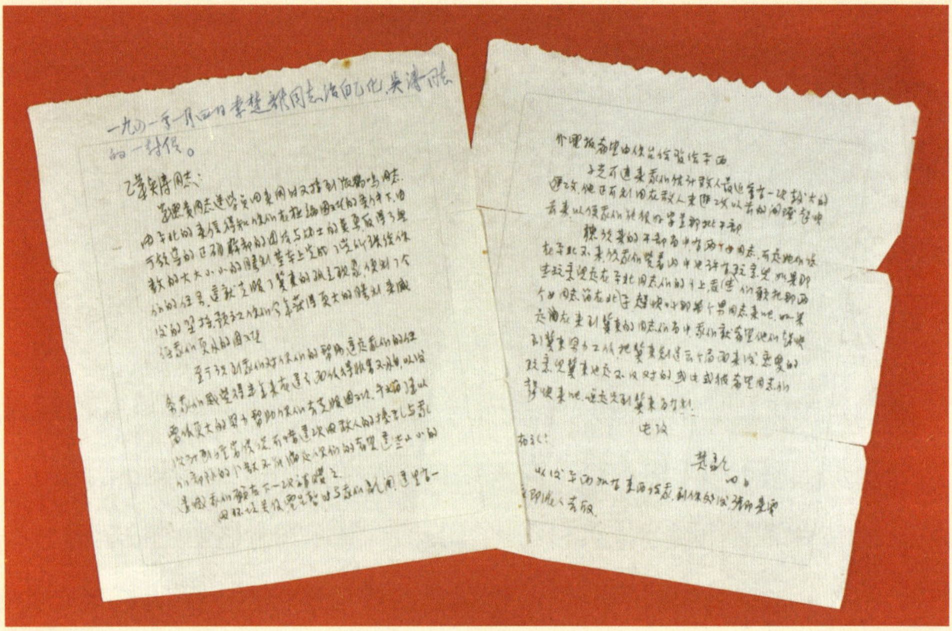

一九四一年一月四日李楚离同志给白乙化、吴涛同志的一封信。

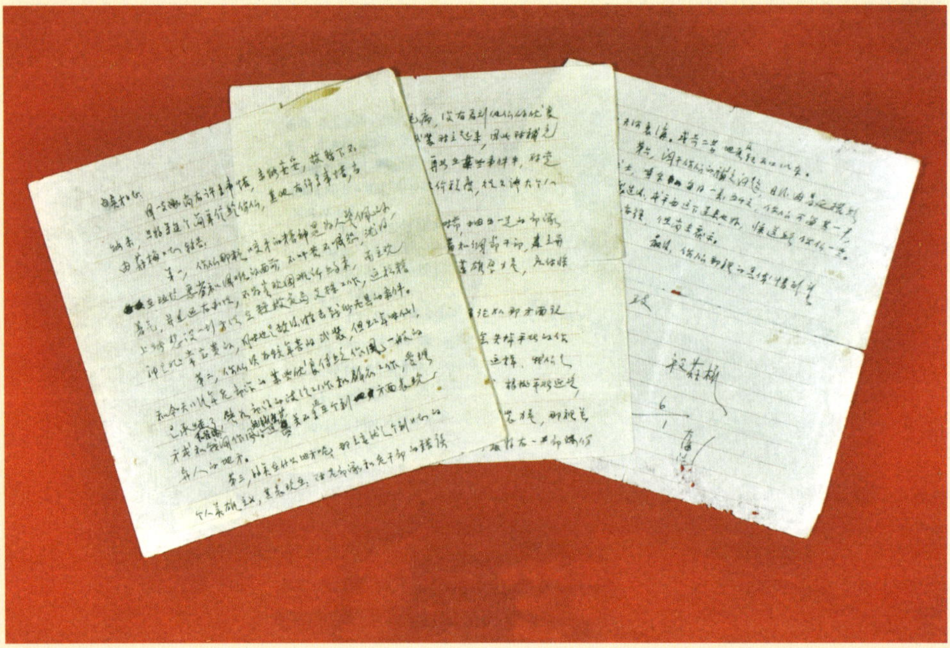

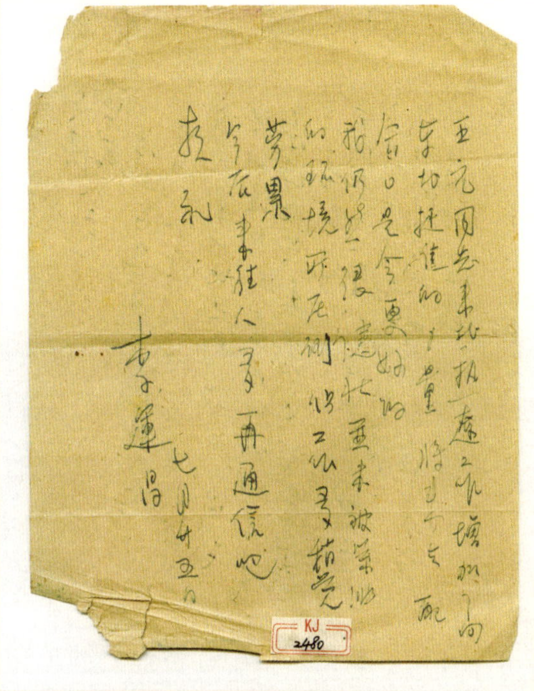

王元因去东北执行边区工作增加了同
志们技术的力量将来分配
令日是会更好的
我们虽然很忙，并未被紧张
的环境所压倒，你们工作更艰苦
劳累
今后来往人多再通信吧
敬
礼

李运昌　七月廿五日

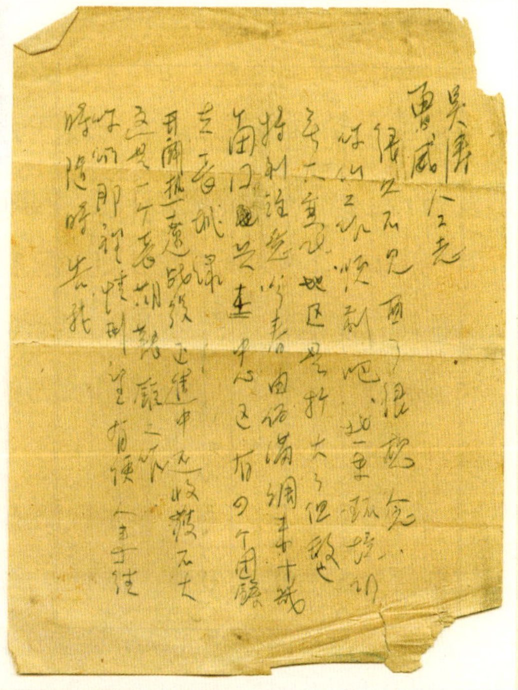

吴唐
曹威　同志
很久不见面了很想念
你们工作顺利吧北平环境的
变化太大了但我也
特别注意以老同仁满洲来十几
个同志来中心区有四个团[illegible]
去晋城保
开辟抗日通路后继续中还收获不大
这是一个严重的问题之一
你们那里情况如何望有便人来时
随时告我

人口的大片游击根据地。7月，在冀东设立了第十三专署，同时成立冀东军分区，司令员李运昌，副司令员包森，政委李楚离。经过一年的斗争，晋察冀抗日根据地发展成为包括晋察冀边区、冀中和冀热察三个战略区，拥有90余个县政府和1500余万人口的广大区域，成为华北敌后抗战的坚强堡垒。

1941年1月4日，担任冀东军分区政委的李楚离在给白乙化、吴涛的信中写道："你们在极端困难的条件下，由于领导的正确、干部的团结与战士的英勇，取得了无数的大大小小的胜利，基本上完成了党所交给你们的任务。这就克服了冀东的孤立现象，便利了今后的坚持。"信的后半部分说的是两个部队间的互相支持与援助，让人感到非常亲切与热情，充分体现了部队这个"家"的温暖。

1941年1月6日，担任平北军分区政治部主任的段苏权，通过担任平北工委书记的苏梅同志转给白乙化、吴涛、才山一封信，信中称赞他们继承和发扬了红军的优良传统和作风，同时也指出了他们的弱点，要他们趁着冬季对"部队进行整训，充实编制，配备和调节干部，建立与健全各种制度，以培植和积储雄厚力量，应付将后新的大举进攻"。要求部队加强西北面工作和武装力量。对于部队人员和武器的补充问题也有具体的部署，并希望经常报告十团的具体情况。

1945年7月25日，日本侵略者走向彻底失败的大势已定，中共中央果断决定抢占东北失地，派近在冀东的李运昌向东北挺进，同时调派干部，李运昌给时任平北军分区第十团团长的王亢的信讲了抗战胜利之前的状况，欢迎王亢来冀热辽工作，表示开展冀热辽是一个艰巨的工作，一定要更加努力。同时李运昌还给吴涛、曾威写了另一封信，介绍了冀东的抗战情况，表示王亢来冀热辽增加了向东北挺进的力量。

1990 年，在举办北平地区抗日斗争史实展览过程中，吴涛夫人耿真同志将此批信件捐赠给中国人民抗日战争纪念馆，被评为国家一级文物。

乔玲梅

新四军廖海涛烈士的绑腿

征战沙场总相伴

这是新四军将领廖海涛烈士生前使用的绑腿，曾伴随着他征战沙场。绑腿长352厘米，宽8厘米，国家一级文物。

廖海涛（1909—1941），福建上杭溪口乡人，中学毕业后，曾任小学教师。1929年参加闽西暴动。1930年加入中国共产党。曾任中共（上）杭武（平）县委书记、县苏维埃政府主席。中央红军主力长征后，任闽西南红军第七支队政委。

1938年1月，在闽西南红军游击队集中到龙岩白土编为新四军第二支队时，廖海涛被任命为第二支队四团政治部主任，于3月间随部队开赴皖南。入夏，廖海涛升任第四团政委。7月，第二支队挺进到日军占领的苏南敌后与陈毅率领的第一支队会合，建立以茅山为中心的抗日根据地。一年以后，廖海涛升任第二支队副司令员。

1940年5月间，日军南甫旅团冈本联队从南京开到常熟镇驻扎，企图建立据点。为粉碎日军阴谋，廖海涛率领第二支队司令部和特务连进驻与日军相距不远的戴家边。一天下午，廖海涛率领部队在溧水附近的周家棚子活动时，被一路日军跟踪。发现情况后，廖海涛即命令部队转入茂密森林与之周旋激战，消灭日军骑兵40多人，迫使余下的日军退出森林。天黑，日军又发起总攻，廖海涛率部以夜幕为掩护，从其火力薄弱的空隙，带领部队分两路冲出重围，胜利地与兄弟部队在郑村会合。战斗结束后，第二支队受到陈毅、粟裕电令嘉奖。7月，在陈毅、粟裕率领主力部队挺进苏中、苏北建立苏北指挥部后，廖海涛任江南指挥部政委，与指挥罗忠毅共同挑起坚持茅山地区抗日斗争的重任。

1941年1月下旬到2月底，在日伪军出动一万多人进犯茅山根据地时，廖海涛奉命率部撤离茅山，转到太（湖）滆（湖）地区活动。3月，根据中央军委命令，新四军江南指挥部所属部队和江南人民救国军东路指挥部合编为新四军第六师，廖海涛任第六师十六旅政委兼苏南抗日根据地军政委员会主席，罗忠毅任旅长。5月间，廖海涛与罗忠毅奉命恢复茅山根据地，率领第四十六团、第四十七团与日伪顽强血战数十次，终于恢复和巩固了茅山根据地。

1941年11月28日，在溧阳县塘马村召集苏南根据地各县党政负责干部会议，日伪军3000多人马突然袭击塘马村。时值寒冬，浓雾笼罩，尽管能见度极低，廖海涛在查哨时，仍从望远镜里发现了日军骑兵动向。然而不巧，第四十六团、第四十七团均在别处执行任务，身边只剩下直属连队，加上地方武装仅约1000人，不及日伪兵力的三分之一。在处境险恶的情况下，廖海涛当机立断，沉着指挥，命令旅侦察连等直属部队，抢占村前、村侧有利地形，进行阻击；命令参谋长兼第四十八团团长王胜带领该团为撤退人员开路；命令旅组织科长王直率领地方干部迅速转移。廖海涛与罗忠毅一起指挥旅直属部队阻击进犯的日伪军，掩护地方干部和机关人员撤退，打退日伪军多次进攻。下午，重机枪手中弹阵亡，廖海涛立即接过烈士的机枪，对准日伪军猛烈扫射。日伪军遭到阻击，便集中所有火力，向重机枪阵地轰击，廖海涛与罗忠毅相继中弹，英勇牺牲，廖海涛时年 31 岁。

罗忠毅、廖海涛牺牲后，新四军军部通电全军沉痛悼念：“罗廖两同志，为我党我军之优秀老干部，为党为革命奋斗十余年，忠实、坚定、勇敢、负责，艰苦缔造苏南根据地功绩卓著。罗廖两同志壮烈牺牲，全军一致追悼，昭彰先烈。”

廖海涛牺牲后，这条绑腿一直由妻子保存。2000 年，廖海涛的女儿廖明娥将它捐赠给中国人民抗日战争纪念馆。

乔玲梅

爱国港人罗欧锋的老猎枪

用它来迎接豺狼

这支老猎枪，是在香港回归一周年之际，由“港人爱国第一家”中的罗欧锋先生捐献的。这支猎枪有着不平凡的历史，它经历了抗日战争的烽火硝烟。

罗欧锋一家世居香港，因全家人勤劳肯干，家中殷实，过着田园牧歌式的生活。他家中藏有三支在当地被叫作雀机枪的勃朗宁猎枪，一是作为防匪防盗、保卫家园之用；二是在劳动之余，上山打猎，用以消闲游玩。1941年12月太平洋战争爆发，此时，与大陆血脉相连的香港尚处在英国人的统治下，由于英军备战不足，也没有准备做坚决地抵抗，日军只用了十几天的时间就占领了香港。香港同胞原有的和平生活被破坏了，从此香港陷入了日军三年零八个月的黑暗统治之中。中国共产党于1938年就在东江地区建立了抗日游击队，香港沦陷后，广东人民抗日游击队（即后来的东江纵队）马上行动起来，深入到香港的新界，宣传组织群众，建立抗日游击根据地，对日军的侵占和日本所进行的殖民统治进行了英勇的斗争。

1941年底，游击队开赴新界后首先组织起第一支群众武装——南（涌）鹿（颈）联防队。因当时缺乏武器，游击队领导动员各村村民都把原来自用的防匪枪支捐献出来，作为抗敌之用。这时，罗欧锋、罗雨中、罗汝澄三兄弟就把自家的三支猎枪捐了出来，其中就包括这支勃朗宁猎枪。罗欧锋也随之加入到抗日的行列，这支猎枪就归罗欧锋使用保管，在以后的对敌斗争中发挥了它打击敌人、保卫家园的作用。为了更有利地开展抗日斗争，需要组织起自己的抗日队伍。在中国共产党的直接领导下，1942年2月，港九独立大队在香港的黄毛应教堂宣告成立。该大队直属广东人民抗日游击总队（于是年1月由广东人民抗日游击队改编）指挥，其下设大埔、西贡、元朗、大屿山、市区和海上等几个中队，罗欧锋任海上中队长。

海上中队主要活动在靠海的粮船湾一带，在海上不断袭击日军过往的船只，罗欧锋的名字曾使驻守这一带的日军闻风丧胆。日军的巡逻舰一度不敢在夜间出海。港九独立大队从诞生之日起，就勇敢地站在国际反法西斯斗争的前哨，对日军进行了一系列公开的或隐蔽的巧妙斗争。罗欧锋所在的海上中队，积极配合其他中队，活跃在香港的大街巷，郊野山岗。有时化装执行任务，炸毁敌人的铁路桥梁，破坏日军的交通运输；有时组织民众的担架队到前线抢救伤员；有时到市区散发传单，向群众做宣传，瓦解日军，揭露敌人的暴行，使用毛泽东总结的“敌驻我扰，敌疲我打，敌退我追”的灵活机动的游击战术，拖住敌人，把敌人打得晕头转向，不得安宁。罗欧锋同志参加的港九独立大队，在东江纵队的直接领导下，带领香港地区的民众粉碎了敌人的一次又一次“扫荡”，保卫了群众的生命财产，加强了抗日根据地的建设，使港九独立大队在港人中有着很高的威望，罗欧锋、方兰、陈达明等一大批港九大队的领导同志也赢得了群众的爱戴和好评。

港九独立大队在游击总队的领导下不但开展了游击战争，而且还在营救文化界知名人士和盟军飞行员等方面作出了巨大的贡献。七七事变爆发后，日军继而发动了全面的侵华战争，祖国的大半部河山相继沦陷，为了继续从事抗日救亡宣传工作，一大批民主人士、文化界知名人士，诸如茅盾、邹韬奋、胡绳、廖沫沙等相继去了当时较为安全的香港。太平洋战争爆发后，香港一下从抗日大后方变成火线，他们的生命安全受到威胁，为了把这批滞留在香港的文化界知名人士营救出来送到西南的桂林、重庆等地，党把这一光荣而艰巨的任务交给了游击总队。包括罗欧锋在内的港九独立大队的指战员们为此进行了周密的策划并实施了秘密的掩护。经过几个月艰苦细致的秘密大营救工作，他们克服了重重困难，冒着生命危险，把这一大批知名人士安全地转移离港，经过海上、陆上几条道路护送到目的地，胜利地完成了任务。这批知名人士除了前面提到的以外，还有柳亚子、夏衍、乔冠华、沙千里、叶浅予、张友渔、梁漱溟、何香凝、司徒慧敏、胡风、章泯、蔡楚生、金山、范长江、王莹等数百名，他们是祖国的宝贵财富。东江纵队港九独立大队为此付出了辛勤的劳动，做了大量的工作。历史将永远牢记他们。

张　量

孩子剧团的一封信

用所能出的力量争取中华民族的解放

中国人民抗日战争纪念馆藏有一封1941年孩子剧团为悼念抗宣二队牺牲队员写给抗宣二队队长何惧、副队长谢鼐的信。民族危亡时刻，全中国人民，无论是白发苍苍的老者，还是年幼的孩童，都同仇敌忾，一致抗日。孩子剧团的成员年龄虽小，抗日的决心和意志却不输成人。他们把剧团和宣传队看作自己的家园，用文艺做武器，动员群众，支持抗战。

1938年1月，在以国共合作为核心的抗日民族统一战线推动下，国民政府军事委员会成立政治部，周恩来任副部长。4月，成立以郭沫若为厅长的第三厅，主管抗日宣传动员工作，着手收编、组建抗日宣传团体。8月，在武昌昙华林宣布成立10个抗敌演剧队、4个抗敌宣传队和1个孩子剧团。

抗宣二队主要在第三战区开展宣传活动。他们从武汉出发，经长沙到南昌，通过演出、办报、演讲、对敌宣传等方式宣传抗日，足迹遍及5个省、23个县、47个镇、近200个农村，行程达一万余里。1940年年底，在国民党“第二次反共高潮”的影响下，中共党员和进步人士不得不离队，1941年抗宣二队被迫改编，实际上被解散。

孩子剧团成立于1937年9月，隶属于上海文化界救亡协会，由淞沪抗战时自发在难民收容所进行抗日宣传的中小学生组成，共产党员吴新稼为干事长（后改为团长）。1937年11月上海沦陷，吴新稼率领剧团22人（8—16岁）离开上海，经南通、徐州、郑州，于1938年1月抵达武汉。1938年

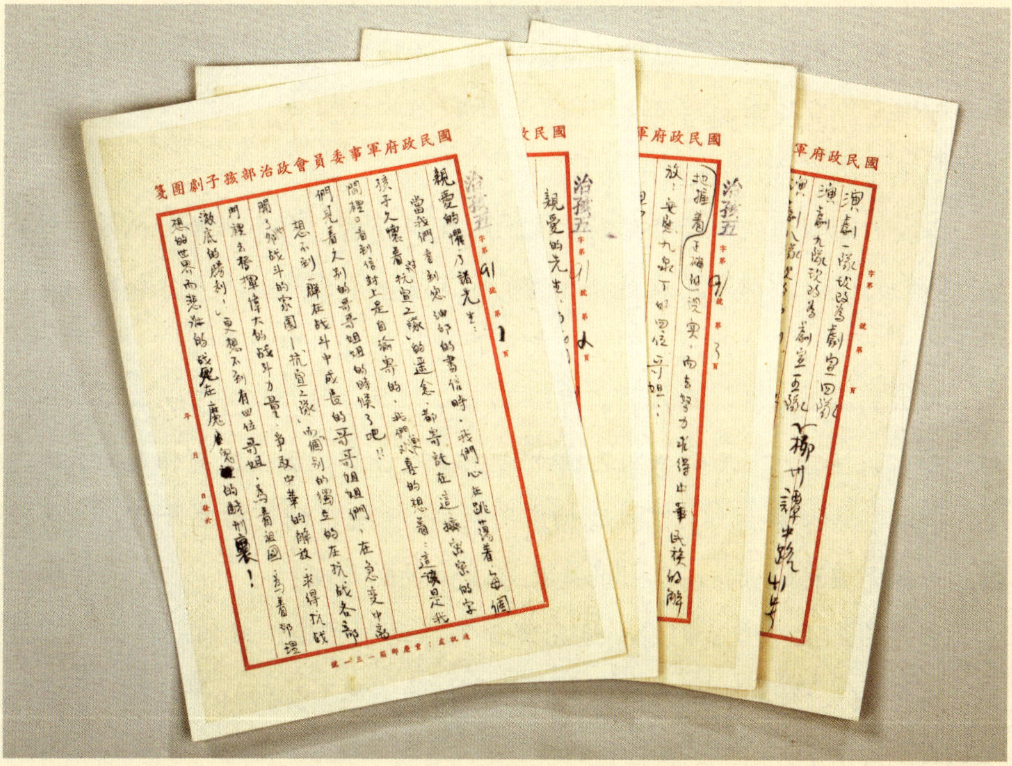
國民政府軍事委員會政治部孩子劇團箋

4月，孩子剧团被政治部收编。1939年1月剧团迁往重庆，分两队到四川各地农村集镇进行抗日宣传，并派出工作队帮助中小学校及儿童保育院排练戏剧歌咏和组织演出。同年9月，共产党员林犁田（许翰如）接替吴新稼，任团长。

1941年皖南事变后，国民党当局为加强对剧团的控制，三次下令将孩子剧团调归重庆市卫戍司令部管辖，强行改组并撤换剧团原有各级领导干部。在周恩来、邓颖超等的关心爱护下，一部分团员被送往解放区。

孩子剧团得知抗宣二队四位哥姐在第二次反共高潮中牺牲，于是给二队队长何惧、副队长谢鼐写了这封信。信中写道：

亲爱的惧、乃（鼐）诸先生：

当我们看到您油印的书信时，我们心在跳荡着，每个孩子久怀着对“抗宣二队”的遥念，都寄托在这挤密密的字间里。看到信封上是自渝寄的，我们更欢喜的想着，这该是我们见着久别的哥哥姐姐的时候了吧！？

想不到一群在战斗中成长的哥哥姐姐们，在急变中离开了他那战斗的家园——“抗宣二队”，而个别的独立的在抗战各部门里去发挥伟大的战斗力量，争取中华的解放，求得抗战彻底的胜利！更想不到有四位哥姐，为着祖国，为着那理想的世界而悲壮的战死在魔鬼的酷刑里！

亲爱的先生：当我们看到这用鲜血写成的书信时，我们一样的感到哀愁、愤恨和悲痛！我们只有继承四位哥姐们的不屈不挠的战斗精神，来负起他们卸下的重任！

亲爱的先生：请您相信我们，我们要用孩子们所能出的力量，去争取中华民族的解放，来纪念死于魔口下的四位哥姐们！

只有不断的在艰苦环境中去奋斗，才能保证我们不断的进步，才能保证那理想世界的实践！因此，我们不论在任何环境里，只要想到四位哥姐的牺牲和哥姐们的英勇战斗的精神，在诸位先生们、哥姐们的领导下，正确的把握着现实，而去努力求得中华民族的解放，安慰九泉下的四位哥姐！

亲爱的先生：请您原谅，我们的生活时时在动荡中，许多先生的信件，都不能马上回，所以这封信也是被拖延到现在。何先生，您能原谅我们吗?

我们的工作、生活学习各方面容后再为详告。

此致

民族解放的敬礼!

孩子剧团的朋友们启

请代慰问在战斗中的战士们!

这封信表达了孩子剧团向抗宣二队英勇牺牲的同志的哀悼和敬意，同时也表现了不畏残酷、抗战到底的决心。2009年，何惧之女何碧、谢鼐之子谢庆把这封书信捐赠给了中国人民抗日战争纪念馆。

要秋霞

澳门镜湖医院使用过的物品

救民族之灾，济祖国之难

中国人民抗日战争纪念馆藏品中有一组抗战时期澳门镜湖医院使用的物品，分别为澳门镜湖医院用的显微镜和员工标志牌。显微镜保存基本完好，外漆稍有脱落，略显斑驳；员工标志牌为圆形，铜质，中间刻有凹红十字，带有员工编号。

澳门镜湖医院成立于1871年，是澳门历史最悠久的华人组织、慈善组织和医疗组织。它也是澳门规模最大的私立医院。1892年孙中山曾在此医院行医，成为该院第一位西医，也是澳门第一位华人西医。

抗战期间，澳门共有五所提供医疗服务的机构，且私人诊所林立。但镜湖医院是唯一提供免费留医和西医服务的华人医院。1937年七七事变发生后，香港和澳门都是华南难民逃避战火之地。香港沦陷后，澳门这个原本只有15万人口的弹丸之地，一下子涌入了近50万难民，一时间饿殍满地。在香港沦陷的三年零八个月里，无疑是澳门最困难的时期，难民遍地，到处是饿着肚子的人，几乎每天都有人饿死。镜湖医院每天煮粥赈济，医院还派药给患病难民，而且还对在澳门无亲友可依赖而又想回乡的难民，按路程远近发放路费，助其回乡。不仅派粥派药，镜湖医院在抗战时期的重要工作，是救助伤员和难民。医院大量救助了伤员，每日留医病人高达350—360人，病房爆满，病床要放到阳台以增加收容人数。另外，英国驻

鏡湖医院
66

澳门领事也要求镜湖医院协助救治留澳的英美籍病人。镜湖医院面临“收既不能，拒亦不忍”的痛苦抉择，慈善会的值理会决议“尽额收容”。由此可见，镜湖医院除了收容本地居民、逃澳难民、抗战伤兵外，还承担了英美籍侨民的医治责任。

不仅如此，镜湖医院还培养了由护士和职工组织的救伤队，在广州大轰炸时前往救伤。当时，接受周恩来指派前来照顾叶挺将军的柯麟，担任镜湖医院院长，将医院发展成中共在澳门的交通站和支援中心。除了转运文化人士夏衍、范长江、梁漱溟、蔡楚生、司徒慧敏、金山等人外，医院在柯麟的运作下，镜湖医院开始悄悄给游击队输送医药，甚至弹药，默默地支援着祖国的抗战。

澳门镜湖医院的善举还有对那些无亲属收殓或在街上暴尸的死者，都会给予棺木和义地，予以安葬。抗战时期澳门一批批饿死、病死的人，葡当局把死在大街小巷的尸体运到医院殓房的空地上，镜湖医院在湾仔（今珠海）购买了义地，为这些可怜的人收殓、埋葬、立碑等。镜湖医院为送死者一程的施棺义葬，为社会动容，纷纷得到善心者的捐输。1941 年至 1945 年间，镜湖医院施予方棺和方箱共达 14970 个。可见很多难民逃过日军的杀害，却还是客死异乡。这彰显镜湖医院不可或缺的一面：为生者医，为死者葬。

最为难得的是，在救助难民的同时，镜湖医院还收留了大批难童，前后共计有 400 多个，为他们治病、念书，给他们找好的人家收养，这项工作一直持续到抗战胜利两年后。

镜湖医院长期以来的善举，获得全澳居民和境外人士的信任和支持，地位崇高，有口皆碑。2000 年，中国人民抗日战争纪念馆派工作人员赴澳门征集澳门同胞支援祖国抗战的相关文物史料时，亲赴镜湖医院，在医院的大力支持下，抗战时期镜湖医院使用的显微镜和员工牌得以征集入藏，被评定为国家一级文物。

睹物思史，透过藏品，人们感受到抗战时期澳门同胞“救民族之灾，济祖国之难”的壮举！

任京培

外交烈士姚竹修佩戴过的眼镜
透视日伪　以身付国

此眼镜是中国驻菲律宾外交官姚竹修烈士生前佩戴之用品，国家一级文物。1987 年姚竹修之子姚铮华专程从郑州来京，将眼镜捐赠给中国人民抗日战争纪念馆。

姚竹修，江苏省苏州人，外交九烈士之一。1906 年生，1924 年高中肄业，1930 年在上海美孚石油公司当职员，后毕业于万国函授大学。1932 年通过高级文官考试并考上外交部情报司科员。1936 年任土耳其使馆主事，1937 年任新加坡领事馆随习领事，1939 年调任马尼拉总领事馆随习领事，并考取外交部情报司科员一职。此后，一直在菲律宾担任外交工作，直至1942年被入侵菲律宾的日军所害。

全民族抗日战争爆发后，姚竹修和其他在菲外交人员做了大量支援祖国抗战的工作。在国民政府发起的“献机”运动中，菲律宾华侨捐款500万元，捐献飞机50架，得到了国民政府的嘉奖。在中国驻菲总领馆的支持下，菲岛华侨还成立“华侨青年战时服务团”，进行军事、政治、驾驶技术及战地救护方面的训练，并组织四批华侨青年归国参加抗日战争。菲律宾华侨还发起禁售日货运动，使华侨商场之日货无处藏身，同时大力提倡售卖国货，使得菲岛中国货的进口大幅度增加。1940年8月，杨光泩总领事还推动菲岛华侨组织特种委员会举办抗战画展，揭露日本侵华罪行，宣传中国英勇抗战，吸引了美国、菲律宾以及在菲的很多国际友人参观。还发起五万多人自愿签名，要求美国政府立即禁运废金属给日的请愿书，后呈送美国国会，产生了很大的政治影响。在中国驻菲总领事馆的努力下，菲岛华侨为祖国的抗日战争作出了重要的贡献。太平洋战争爆发后，1942年日军占领马尼拉市，由于我驻菲律宾总领事馆九名人员不承认南京汪伪政府，日军将他们逮捕，并于4月17日杀害。

这九位烈士分别是中国驻马尼拉总领事馆总领事杨光泩，领事莫介恩、朱少屏；驻山打根领事馆领事卓还来；驻马尼拉总领事馆随习领事姚竹修、杨庆寿，主事萧东明、卢秉枢，甲种学习生王恭玮。

抗战胜利后的1947年7月7日，国民政府派专机到菲律宾迎回杨光泩等九位外交官烈士的忠骸，菲律宾总统哈罗斯敬献了花圈，旅菲侨胞万余人到机场洒泪相送，马尼拉华侨举行公祭仪式，下半旗致哀。7月8日，国民政府在南京举行盛大公祭仪式。同年9月3日抗战胜利纪念日这天，九烈士的忠骸一同安葬在南京菊花台。

乔玲梅

李友邦与台湾义勇队档案

保卫祖国　收复台湾

中国人民抗日战争纪念馆馆藏的一批台湾义勇队原始档案尤为珍贵。它们是由台湾义勇队队长李友邦之子李立群于2013年捐赠的。这批台湾义勇队档案数量之多，内容之珍贵，实属罕见。档案的形成时间主要是1942年到1946年，内容主要涉及宣传、组织、总务三方面的工作，主要包括：宣传工作、入队志愿书、人员考核、队员个人档案、名册暨人事统计、员工调派、庶务、法令、优待军属、办理赴台手续等内容。由于档案十分珍贵，抗战馆以这批档案为底本，按照原样影印出版了《中国人民抗日战争纪念馆藏台湾义勇队档案汇编》。

全民族抗战爆发后，台湾同胞纷纷潜回大陆参加祖国的抗日战争，视祖国的命运为自己的命运，认为抗战胜利之日就是台湾光复之时。在这些回到大陆参加抗战的台湾同胞中，最为著名的是李友邦领导的台湾义勇队。

李友邦，1906年出生于台湾省台北县，曾参加台湾文化协会，从事反对日本殖民统治的斗争。1924年因抗日行为被学校开除，当年回到大陆考入黄埔军校第二期。1937年全民族抗战爆发后，李友邦提出：欲救台湾，必先救祖国；欲致力于台湾革命的成功，必先致力于中国抗战的胜利。并提出了“保卫祖国，收复台湾”的口号。1939年，李友邦在浙江金华成立

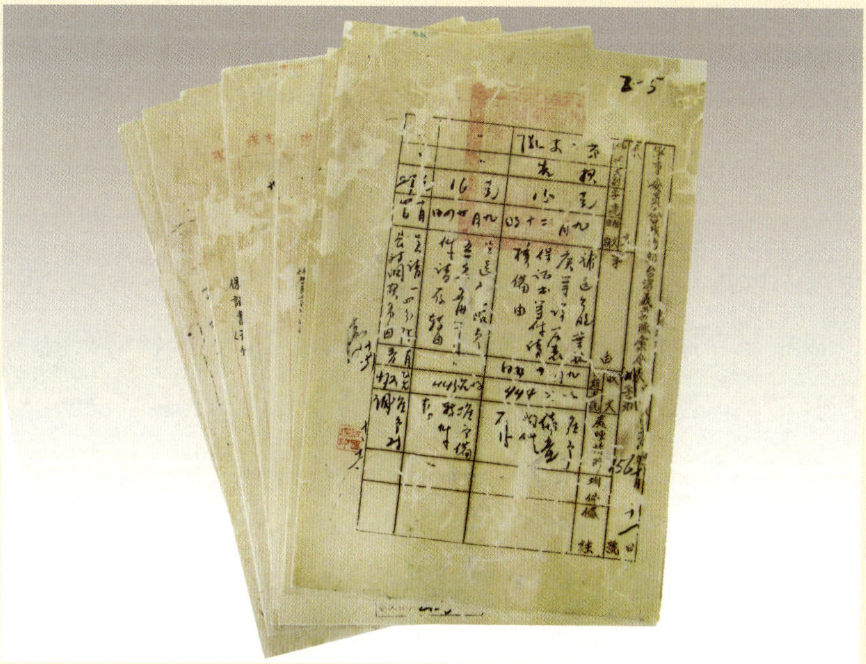

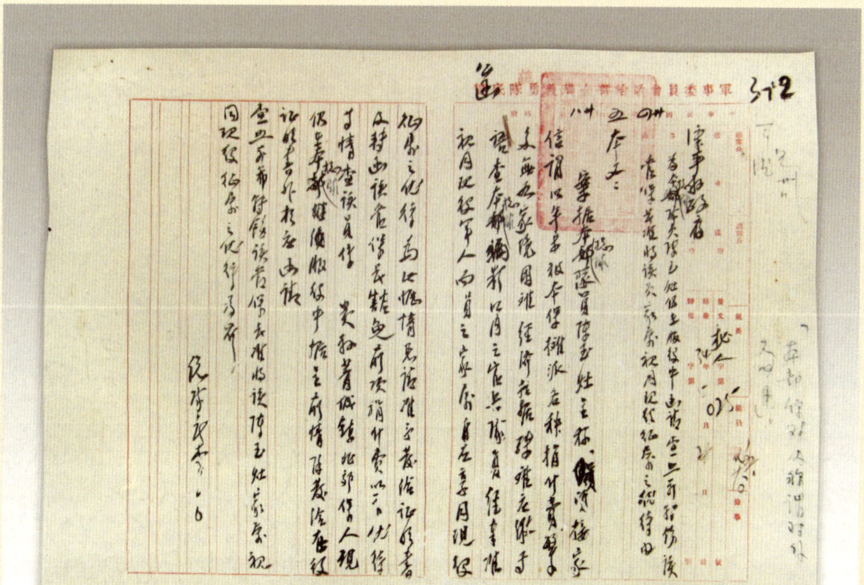

了台湾义勇队和台湾少年团，同年10月，国民政府正式委任李友邦担任台湾义勇队队长并晋阶为陆军少将。1943年开罗会议召开，确定日本将窃取中国的台湾等领土归还中国。台湾义勇队扩大编制为台湾义勇总队，李友邦升任中将总队长。总队下设四个支队，主要开展了四个方面的工作：第一，对敌政治工作。义勇队成员熟悉日语，他们利用语言上的便利，翻译日军文件，审讯并教育俘虏，深入敌伪组织获取情报等。第二，医疗救助工作。1939年9月，义勇队在浙江金华正式成立“第一台湾医院”，随后又在浙江衢州、浙江兰溪、福建建阳相继成立三家医院，为军人、出征人员家属及贫苦民众免费医治。第三，生产报国工作。第四，巡回宣传工作。

台湾义勇队的成员虽然来自不同的行业，但是他们各尽所能为抗日斗争贡献自己的一份力量。台湾少年团的成员都是随父母回到大陆的台湾少年儿童，他们小的只有七八岁，大的才十一二岁，但是他们与父母一样战斗在前线，进行演出，慰问伤员，为抗日战争的胜利贡献了力量。

在长期的革命斗争中，李友邦始终把台湾革命同祖国的命运紧紧地联系起来。正因为如此，他领导下的台湾义勇队和少年团，在抗日战争的艰苦岁月里，无论走到哪里，始终高举“保卫祖国，解放台湾”的旗帜。在这些爱国的台湾同胞心中，祖国是神圣不可侵犯的，他们把能为祖国效力，作为自己应尽的光荣责任。

从1939年到1945年，台湾义勇队和少年团这两支抗日革命队伍，在李友邦的领导下，转战祖国东南前线，为赶走日军，为台湾回归祖国，艰苦奋斗了七年多。李友邦曾自豪地对一位台湾女青年郑晶莹说：“我们为了不当日本顺民而在大陆度过了一二十年的流浪生活，饱尝了人生的酸甜苦辣而幸存下来，今天我们可以作为一个爱国的台湾同胞，堂堂正正地回家乡去见父老兄弟。”

抗战胜利后，李友邦回到台湾，准备为台湾的建设贡献力量时，被国民党当局以莫须有的罪名，于 1952 年 4 月 21 日在台北杀害，时年 47 岁。但是他为台湾光复、为祖国的解放事业所作出的重要贡献，他崇高的爱国主义精神和民族气节将流芳百世!

任建玲

菲律宾华侨抗日游击支队的标识物

海外华侨武装抗日

中国人民抗日战争纪念馆中展出了一组菲律宾华侨抗日游击支队（简称“华支”）使用过的文物，分别为臂章、队旗及队员证。臂章是布质，看上去略微陈旧；队旗为绸质；队员证则是华支总队长黄杰所有。

世界反法西斯战争期间，在菲律宾的绿水青山中，活跃着一支由中国华侨组成的抗日游击队。1941 年 12 月，太平洋战争爆发，日本法西斯将侵略的魔掌伸向东南亚各国。日军占领菲律宾后，施行残暴野蛮的统治，菲律宾人民和数十万华侨陷入恐怖的深渊里。在这危难之际，具有反侵略光荣传统的旅居菲律宾华侨视侨居国的安危为己任，发扬了国际主义精神，积极配合菲律宾人民抗击日军的法西斯暴行。1942 年 5 月 19 日，正式成立了一支全部由华侨抗日健儿组成的、以祖国的八路军和新四军为榜样的武装队伍——菲律宾华侨抗日游击支队，并取新四军的“四”字和八路军的“八”字作为支队番号，正式编为菲律宾人民抗日军第四十八支队。其用意是：由于中国的八路军和新四军威名远扬，菲律宾人民非常敬佩，所以用“四”和“八”两个数组合，来称呼华侨支队，以此表示希望它像八路军、新四军那样，发挥游击战的特长，作为全军的楷模。华支成立之初仅有 52 人，2 把短枪，7 支步枪，编为 2 个排 3 个班，以后队伍发展到 700 多人。

1942 年底，日军发动了 12 月大“扫荡”，激起吕宋岛中部民抗队的猛烈反击。炽热的反“扫荡”中，华侨支队第一次和敌军在干仑巴直接交锋，此

華支
WHA - CHI

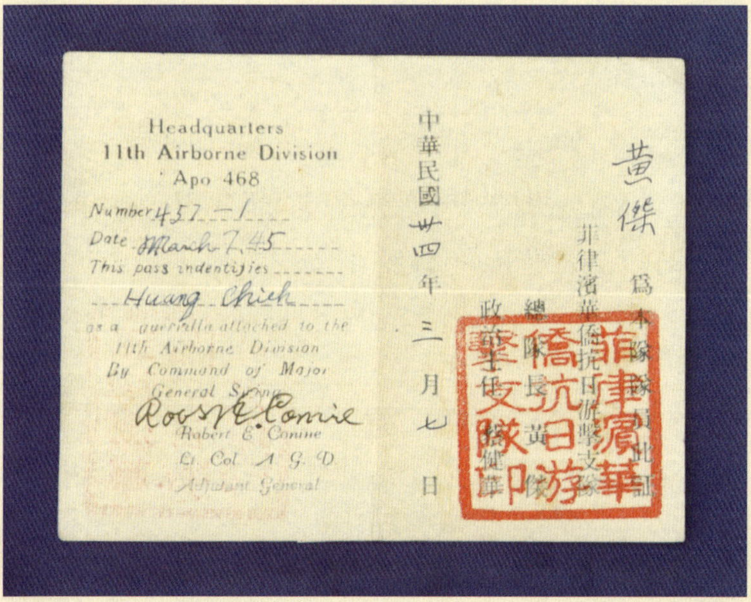
Headquarters
11th Airborne Division
Apo 468
Number 457 - 1
Date March 7, 45
This pass indentifies
Huang Chich
as a guerilla attached to the
11th Airborne Division
By Command of Major
Robert E. Connie
Lt. Col. A. G. D.
Adjutant General
黄傑
中華民國卅四年三月七日
菲律濱華僑抗日游擊支隊印

战使华侨支队骁勇善战的英名传遍了吕宋岛。干仑巴是邦板牙河岸边的一片荒地，周围没有村庄。华侨支队就驻守在这里，监视渡口。1943 年 1 月 22 日早饭后，一名侦察员跑来向队长黄杰报告：“发现敌人百余名向干仑巴前进，先头部队 40 多人已渡河逼近我们。”队长立即命令全体队员火速占据河口的沟渠布防，不准漏过一个敌人。此次战斗双方激战了数小时。敌人的进攻势头被彻底地打了下去。队长黄杰考虑，如果以我们劣势的装备同敌人进行长时间的阵地战，早晚会吃亏的，不如保存实力，同敌人进行长期的游击战，于是下令部队及时安全地撤出了战斗。干仑巴之战，华侨支队以击毙日军数十人，自己仅一人受伤的战绩取得了全胜。消息传至马尼拉，整个华侨社会好像触了电般地兴奋起来，纷纷为自己的子弟兵捐款、捐药，开展慰劳活动。华侨支队从此也越战越勇，威震整个吕宋岛。自 1942 年 5 月起至 1945 年 8 月日本投降的三年又四个月的战斗岁月中，他们战斗在中吕宋、南吕宋、马尼拉和米骨等四大战场，跨越 15 个省、市，作战 260 多次，给敌人以沉重打击。在历次战斗中，“华支”战士们英勇奋战、视死如归；在敌人的监牢里，受尽严刑拷打、威武不屈。有 77 位指战员先后献出了宝贵的年轻生命。

在三年多的游击战争中，华侨支队英勇善战的业绩，赢得了广大华侨的爱戴。华侨支队的存在打破了中菲两民族间的隔阂，他们以自己的实际行动，赢得了菲律宾人民对华侨的尊敬。

任京培

美国出版的《为亚洲而战》
斯诺眼中的中国抗战

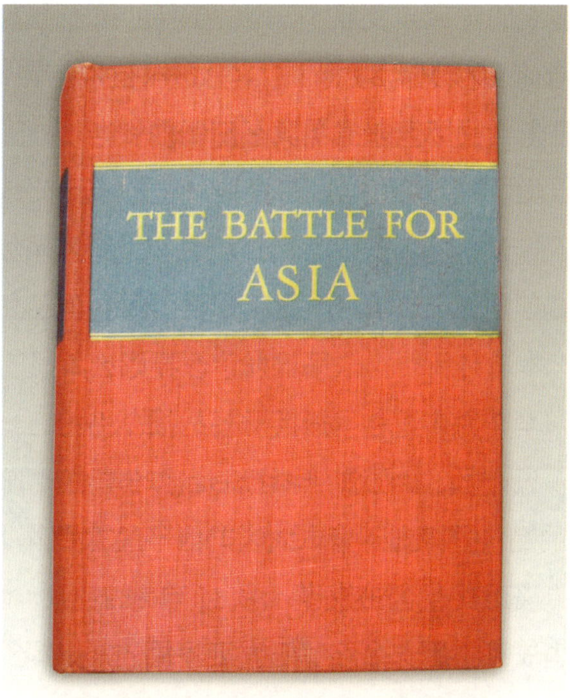

这是一本 1942 年美国世界出版社出版的《为亚洲而战》。《为亚洲而战》是美国著名作家、记者埃德加·斯诺赴中国抗日战争前线采访报道的合集本，最早成书于 1941 年。

斯诺生于美国的一个贫困家庭，为了生计曾当过农民、工人等，这也使他天然地能感受到无产阶级生活的艰辛，对穷苦人民有真切的同情怜悯之心。从 1928 年至 1941 年，斯诺基本都生活在中国。在中国的这段时期内，他目睹了中国的内忧外患，对中国人民所经受的苦难深表同情。他多次亲赴前线采访，获取第一手资料，进行客观公正的报道。斯诺还曾经到陕甘宁边区访问了中国共产党多位领导人，成为第一位采访边区的西方记者。后来他到北平，将边区军民的光辉形象宣传开来，让人们认识到共产党和红军的真正模样，并留下了举世闻名的著作《红星照耀的中国》（又名《西行漫记》）。

在《为亚洲而战》中，斯诺以详实的材料，记述了1937年七七事变后日本帝国主义侵略中国的情况，对七七事变当天的卢沟桥宛平城情况、日军轰炸南苑等都作了客观的记载，揭露了日军的暴行。关于七七事变当天，书中提道：“‘演习’愈来愈频繁，终于在七月七日深夜，借口他们的兵士失踪，日本人突然要求进宛平城搜查——美其名曰‘确保和平’！”

斯诺还热情报道了中国共产党坚持抗战、坚持进步的政策，对中国人民的抗日战争充满了信心。1938年8月，斯诺采访了新四军领导人项英，了解了这支军队在中国南方战斗的坎坷历程，记述了新四军建立的经过以及开展斗争的艰苦条件。本书对新四军联系群众、改善地区人民的生活条件的做法非常肯定，对新四军在游击战中取得的辉煌战绩赞不绝口。

他称赞新四军说：“最大资产，也许就是他的革命传统，那就是：组织方法，百折不挠的精神以及战斗的战术。”他夸奖八路军：“已经成为一种英勇的传说，这传说在它万次战斗的记录中，象征着每一个作战的人都必须相信它具有的那些战斗的品质：忍耐、敏捷、勇敢、指挥的天才、不屈不挠以及——也许最重要的——精神的不可战胜。”这些都显示了斯诺作为一个进步新闻记者敏锐的洞察力，他时刻坚信着中国共产党领导的军民们是中国未来的希望。

1972年斯诺去世后，毛主席在唁电中说：“斯诺先生是中国人民的朋友，他一生为增进中美两国人民之间的相互了解和友谊进行了不懈的努力，作出了重要贡献。他将永远活在中国人民心中。”

徐　源

彭雪枫与《拂晓报》

心血的结晶

中国人民抗日战争纪念馆珍藏着一张 1943 年 3 月 14 日发行的《拂晓报》第 382 号，已磨损、泛黄。这期报纸刊载有“中国苏军攻势益瑞”等内容。《拂晓报》是抗日战争时期新四军部队在淮北抗日民主根据地创办的油印报纸，其创始人之一是新四军第四师师长兼政委彭雪枫。

彭雪枫（1907—1944），出生于河南省南阳市镇平县。抗日战争全面爆发后，担任八路军总部参谋处处长兼驻晋办事处主任。1938 年春，调赴河南确山竹沟，担任中共河南省委军事部部长，组织训练抗日武装。同年 9 月组建新四军游击支队，担任司令员兼政委，领导开辟豫皖苏边区抗日根据地，担任中共豫皖苏边区委员会书记。后来担任新四军第六支队司令员兼政委、八路军第四纵队司令员。1941 年皖南事变后，担任新四军第四师师长兼政委、淮北军区司令员，领导根据地军民同日伪军及国民党顽固派军队进行艰苦斗争。1938 年至 1944 年，彭雪枫率领所部进行了大小战斗 3760 次，累计歼敌 4.8 万余人，取得了辉煌的战绩。1944 年 9 月 11 日，在河南夏邑八里庄围歼伪顽李光明的战斗中，彭雪枫不幸被流弹击中，英勇殉国，时年 37 岁。中共中央对彭雪枫的一生作出高度评价，被毛泽东、朱德誉为“共产党人的好榜样”。

彭雪枫在其短暂而光辉的一生中，和《拂晓报》结下不解之缘。他曾风趣地说：“将来革命胜利了，我要当个新闻记者。”

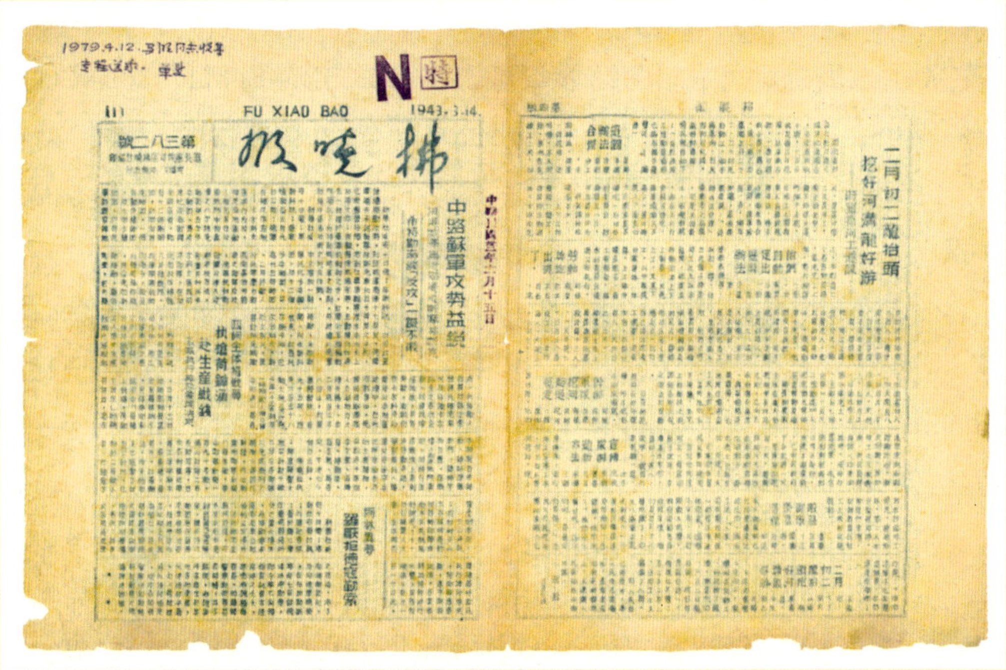

FU XIAO BAO 1943.3.14.

拂曉報

第三八二號

中路蘇軍攻勢甚銳

二月初二龍抬頭

挖好河溝龍好游

1938年9月，中共中央派彭雪枫从竹沟带领游击队挺进豫东抵御日军。彭雪枫在支队东征干部动员大会上宣布了支队随军报社成立的消息：“抗日战争是全民族生死存亡的战争，只有把全民族动员起来，万众一心，才能战胜敌人，报纸是传播革命道理最迅速、最有力的工具之一。革命靠枪杆子，也要靠笔杆子，武功文治，自古皆然。”

在讨论报纸的名称时，有人提议叫“战斗”，有人主张叫“曙光”。彭雪枫说：“5月间我们办了‘拂晓剧团’，‘拂晓’代表了光明就要来临的意思，就叫‘拂晓’吧！”于是，就有了后来的《拂晓报》。彭雪枫亲自为《拂晓报》题写报头，并撰写《拂晓报——我们的良友》创刊词。他在文中阐述了“拂晓”的含义：“它代表着朝气、希望、革命、勇敢、进取、迈进、有为，胜利就来的意思”，“拂晓催我们斗争，拂晓引来了光明。”

报纸刚开始印刷时，遇到很多困难，缺少印刷的工具。只有一罐油墨，两支铁笔，两块锈钢板，半筒蜡纸，一块木垫板，一个油印用的胶皮辊子，没有调墨板。印刷的时候，在一块白铁板上调油墨，用图钉在蜡纸上一头钉紧，然后在木垫板上印刷。虽然困难很大，但是大家热情高涨，众人一起想办法解决。在敌后，不是行军就是打仗，流动性很大。《拂晓报》的同志们背着印刷工具，随军转战在黄淮平原上，有时夜里连续行军一百多里，人困马乏。可是一到宿营地，大家不顾疲劳，立刻抽出钢板，展开蜡纸，刻写出版报纸。正是因为他们的不怕苦、不怕累、不畏难的精神，才有后来大量《拂晓报》的面世。

此后，《拂晓报》就沿着支队东去的征途，横越平汉，东渡黄水，征战在“涡河岸上”和“淮水两旁”。在短短的几个月时间里，成为豫皖苏边这片荒芜的“沙漠中的甘泉”。在彭雪枫的指示下，“拂晓”报人克服种种困难，真实记录了豫皖苏边抗日游击队员的英雄业绩。

彭雪枫先后在《拂晓报》上发表了《斗争一年》《〈拂晓报〉的产生和壮大及其今后的方针》《立志做办报专家》等一系列文章。1939年12月

《拂晓报》发行100期纪念时，毛泽东发来贺信，并亲笔题词“坚持游击战争”，刘少奇亲笔题词“为抗战的正确路线而斗争”。这些题词给“拂晓”报人和支队全体指战员以莫大激励和鼓舞。

1943年12月2日，彭雪枫参加《拂晓报》出版500期座谈会，并在会上作了《贺〈拂晓报〉五百号——五年来之〈拂晓报〉的检讨》发言。据记载，彭雪枫在他珍藏的《拂晓报》合订本的封面上，亲题“心血的结晶”五字。这是彭雪枫对包括自己在内的所有“拂晓”报人所做贡献的精确概括。

《拂晓报》与骑兵团、文工团被誉为新四军第四师的三大宝，是抗日战争时期华中根据地的一颗璀璨明珠。它一经面世，便受到根据地广大抗日军民的欢迎，被誉为“战斗的武器”“叫破五更的报晓鸡”，奏响了华中地区坚持抗战的号角。

随着《拂晓报》影响的不断扩大，它还发行到延安和国统区，后经国际新闻社介绍，远播到苏联、美国、香港和东南亚等国家和地区。1946年夏，出版至1000期后，根据中共中央决定，将其改名为《雪枫报》，以纪念1944年9月在河南作战牺牲的彭雪枫同志。

任建玲

“刘老庄连”李云鹏烈士的照片和家信信封

“英雄主义的最高表现”

这是一组刘老庄82烈士中李云鹏烈士的一组文物，为李云鹏写给家人的平安家信信封、李云鹏的照片及1983年颁发的烈士证明书。这组文物填补了中国人民抗日战争纪念馆关于刘老庄这个烈士团体文物的空白。

习近平总书记在纪念中国人民抗日战争暨世界反法西斯战争胜利69周年座谈会上曾强调：新四军“刘老庄连”等众多群体，就是中国人民不畏强暴、以身殉国的杰出代表。抗日战争时期，新四军第三师第七旅第十九团二营四连82名官兵，在淮北刘老庄战斗中全部壮烈殉国。他们是连长白思才、指导员李云鹏，副连长石学富，排长尉庆忠、蒋元连、刘登甫，文化教员孙尊明，卫生员杨林彪……新四军代军长陈毅撰文表彰：“烈士们殉国牺牲之忠勇精神，固可以垂式范而励来兹。”八路军总司令朱德在《论八路军新四军的英雄主义》一文中，将该连誉为“我军指战员英雄主义的最高表现”。

李云鹏（1902—1943），原名李亚光。1939年参加抗日宣传队，同年加入中国共产党。先后担任过宣传员、文化教员、团政治处干事、连队副政治指导员。1940年随军南下，后所部改编为新四军第三师第七旅第十九团二营四连，任连政治指导员。1943年3月17日晚，第四连遵照团部的指示，驻淮阴县刘老庄待命。18日拂晓发现敌情全连立即投入战斗准备。当从淮阴来犯的日军和伪军三千多人进入第四连的伏击圈时，全连猛烈射击。战斗从

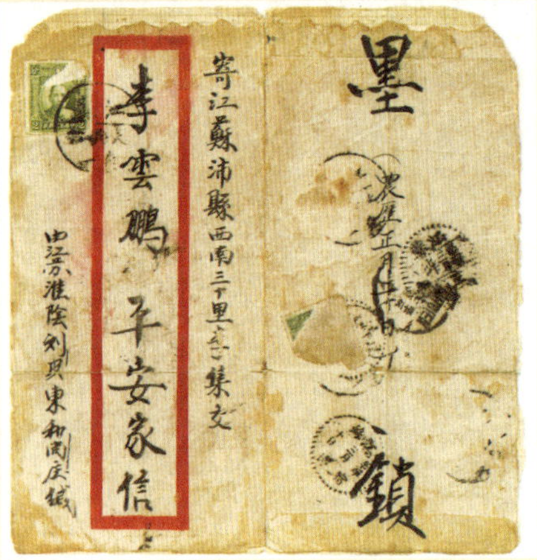
李雲鵬 平安家信
墨
鎮

目录

革命烈士证明书
李云鹏同志 在抗日战争中 壮烈
牺牲，经批准为革命烈士，特发此证，以资褒扬。
中华人民共和国民政部

拂晓到中午持续六个多小时，因力量对比悬殊过大，李云鹏和四连勇士全体壮烈殉国。

2016年10月9日，中国人民抗日战争纪念馆抗战史实调研组一行五人来到刘老庄82烈士陵园参观调研。调研时得知刘老庄连李云鹏烈士的妹妹李爱云一直为哥哥扫墓，还义务承担为参观者宣讲李云鹏和刘老庄82烈士事迹的工作。在了解到李爱云手中保留有李云鹏烈士的一封家信的信封、一张原版照片及烈士证明书后，请求是否可以将这些珍贵的藏品赠送给中国人民抗日战争纪念馆，愿望很快得到了实现。李爱云饱含深情地介绍道："在刘老庄战斗前，他（李云鹏）曾给家里寄过两封信，这成为家里亲人唯一的回忆。"李爱云说，自打父亲收到这两封信后，大哥便杳无音讯，直到第二年，同在部队的表叔来信告知，大哥已牺牲。李云鹏家中兄妹六个，李爱云排行最小。李云鹏牺牲时，她还没出生，但是大哥的事迹始终感动着她，"我大哥是全家中最大的骄傲，也是我一生中最大的骄傲！"

任京培

地道战英雄张森林就义辞
唤起民众报国仇

从戎赋

东来魑魅践山河，神州烽烟血泪多。
且将毫末抛书案，怒持剑戟战群倭。
张森林　戊寅春月

就义辞

鳞伤遍体做徒囚，山河未复志未酬。
敌酋逼书归降字，誓将碧血染春秋。
人去留得英魂在，唤起民众报国仇。
张森林　癸未岁中书

这是两首抗日英雄张森林手书遗诗《从戎赋》《就义辞》，原件收藏于冉庄地道战纪念馆。

张森林，1909 年出生于河北清苑县冉庄，是冉庄地道战创始人之一。为了躲避敌人的搜查，最初张森林在自家的红薯窖内挖了一个深洞，在洞里放了一个小木桌，一盏小油灯，经常在洞里召开会议，研究对敌策略。这就是冉庄地道的雏形，此后，在张森林的带领下，冉庄的干部群众挖了很多这样的洞，为后来形成的地道网奠定了基础。1938 年，任清苑县冉庄抗日

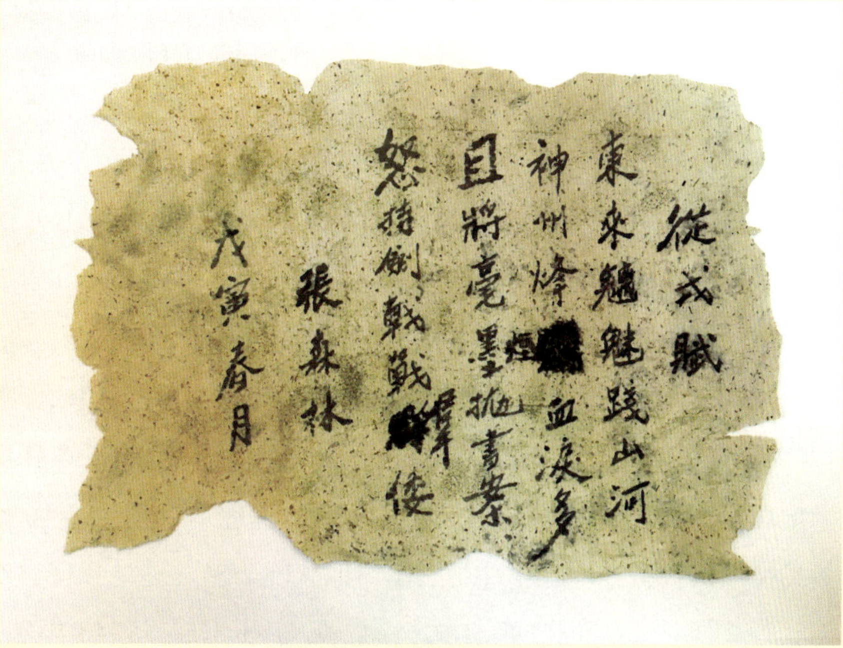
從戎賦
東來魑魅踐山河
神州烽煙血淚多
目將毫墨拋書案
怒持劍戟戰[illegible]倭
張森林
戊寅春月

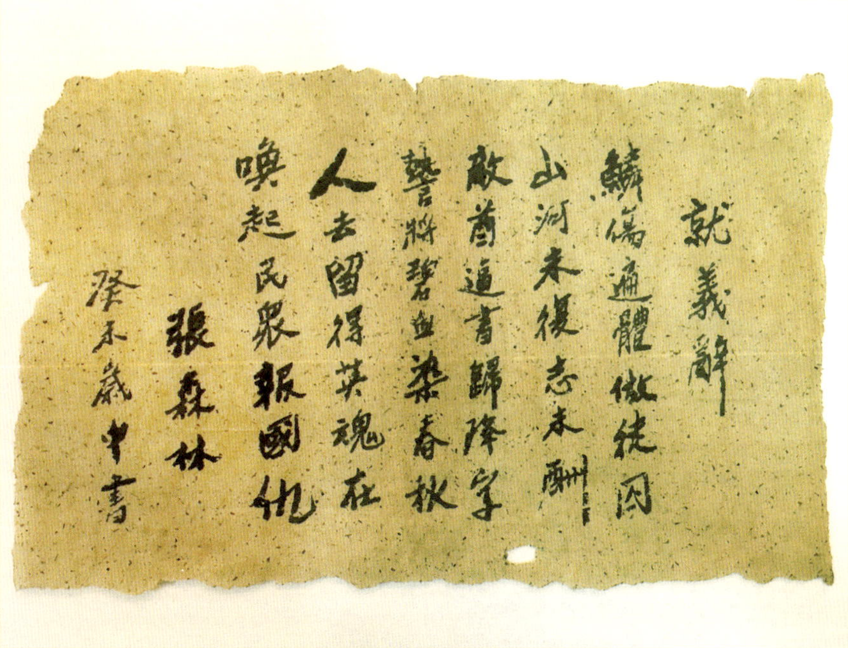
就義辭
鱗傷遍體做徒囚
山河未復志未酬
敵酋逼書歸降字
誓將碧血染春秋
人去留得英魂在
喚起民眾報國仇
張森林
癸未歲中書

政权秘书的张森林，目睹了日军侵入华北国土，杀害我骨肉同胞的情形，遂写下了一首《从戎赋》。诗中写道“东来魑魅践山河，神州烽烟血泪多”，真实描绘了侵华日军的罪行，杀我同胞，血流成河的悲惨情景。同时，“且将毫末抛书案，怒持剑戟战群倭”则充分表达了以他为代表的中国人民对日军的愤怒，怀着满腔怒火弃笔从戎抗击侵略者的豪迈情怀。

同年，区委吸收张森林同志秘密加入中国共产党，成为冉庄第一名共产党员，在他的介绍下，先后有几名同志加入共产党，并建立起了冉庄秘密党支部，张森林任村支部书记。1943 年秋，张森林任清苑县抗日武装大队政委，在耿庄老乡家组织秘密抗日会议，由于汉奸的告密，张森林和区委宣传委员黄岳，以及保定的两位爱国学生被敌人包围，张森林果断掩护两名学生成功脱险，最后弹药用尽，黄岳牺牲，张森林身负重伤，他将枪支拆毁扔掉，最终被捕。在狱中日伪军对他软硬兼施，逼他投降。酷刑之下，限期让他写下降书，但张森林大义凛然，宁死不屈。1943 年农历三月初八，张森林被活埋在段庄村郊，慨然就义。

张森林牺牲后，尸体由高老白、高年、高志等村民连夜从段庄偷运回村，用清水洗净周身的血痕，从他的内衣袋中发现这封《就义辞》。诗的内容慷慨激昂，字字铿锵有力，体现了张森林作为一位共产党人被捕后绝不投降日军的坚定信念，誓用自己的牺牲激励民众更加坚决地抗击日军，充满了崇高的民族气节和豪迈的英雄气概。

刘守华

田振亚日记《狱中一百天》

抗日决心永不变

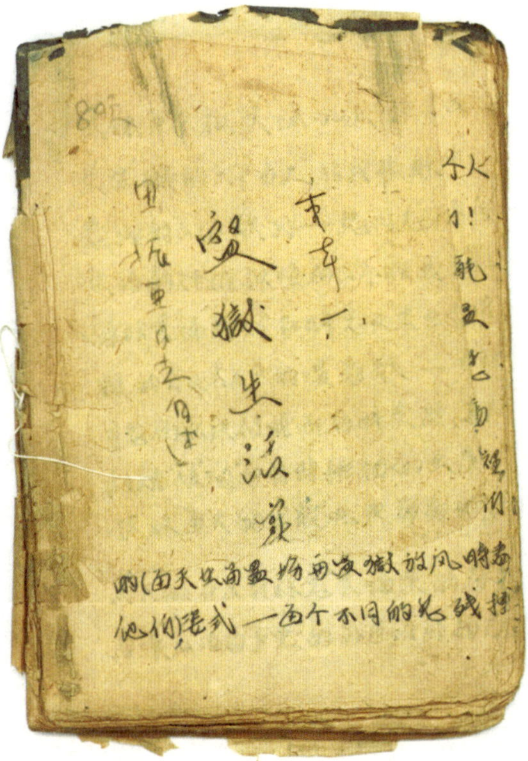

在伟大的抗日战争中涌现出的千千万万中华民族的优秀儿女中，有一位诞生在冀中平原上的坚贞不屈的抗战女性，她就是当年河北省安国县妇救会主任田振亚。

中国人民抗日战争纪念馆收藏着一部早已变黄、发脆，用当年安国县警察局登记户口的白纸背面密密麻麻写成的日记。这是当年田振亚把一个钢笔尖绑在秫秸秆上以染料当墨水写下的日记《狱中一百天》，这部日记展现了这么一位坚贞不屈的抗战女性。

1942 年，抗日战争处于最艰难的时期，日军在冀中平原的五一大“扫荡”开始后，安国县境内三里一碉二里一堡，每天都有几处敌人一齐出动包围村庄，抓捕干部，中国共产党建立起来的抗日民主政权、抗日团体被迫由公开转入地下，夜出昼伏与敌人周旋。冀中平原上抗日民众的誓言是坚强的：“身在曹营心在汉，抗日决心永不变”。他们不给敌人情报，不泄露抗日机密，不暴露干部，不给敌人带路，不给敌人纳粮。

1943 年 2 月 16 日，田振亚同冀中四分区妇救会的一名同志到安国县东吴家庄，去传达列宁格勒战斗胜利形势和党对抗日斗争的有关指示，以鼓舞军民的斗志，在夜晚越过一条交通沟时不幸被捕。抓捕他的人中就有原四分区委书记王亘石，王亘石被捕之后就当了叛徒，正苦于没有邀功领赏的好机会。这下抓到了一个妇救会主任，王亘石开始按日军的意图向田振亚劝降，让她说出别的八路军党政干部。王亘石拿着一张自首书的表格让田振亚填写，遭到田振亚的怒斥后，敌人又派叛徒张美臣来“规劝”。张美臣对田振亚说，你一个区妇救会主任，小小的女共党有什么了不起，比你职务大得多的黄某某都自首了，不要自讨苦吃。田振亚坚定地说：“他是他，我是我。”叛徒汉奸劝降无效之后，日军又亲自来施展淫威，他们把刺刀架在田振亚的脖子上，逼着她写自首书。田振亚被激怒了，她奋力推开日军的刺刀，愤怒地对敌人说：“你有你的国家，我有我的国家，我爱我的国家有什么罪！”敌人的威胁丝毫没有动摇田振亚的抗日决心，只能把她关进阴暗潮湿的监狱。

狱中，田振亚同敌人展开了六天六夜的绝食斗争。安国县委的领导知道田振亚被捕并了解到她在狱中的坚贞不屈和绝食斗争的表现，特派内线人员向田振亚送来消息，这更加坚定了田振亚与敌人斗争的信心。为了同敌人斗争下去，田振亚恢复了饮食，但她的身体遭到了严重摧残。恢复吃饭后，她解不出大便来，痛苦难忍。同狱的难友中有一个叫大春女的农村妇女为田振亚的不屈精神所感动，她蹲下来，用手为田振亚一点点地抠出了大便，在敌人面前从未掉泪的田振亚这次感动得掉了眼泪。田振亚向大春女讲述抗日道理，与她结下了深厚的情谊。

在狱中坚决斗争了一个多月后，有一天田振亚在脱上衣时，忽然发现棉衣的右下角处有一个蘸水笔尖。她托人买来了颜料当墨水，把伪军们用的户口纸片当稿纸，开始一页页记录下狱中发生的事情，记录下日军是怎样杀害中国人、叛徒汉奸是怎样无耻地为日军效劳的丑恶行径。每当听到从外边传来八路军打胜仗的消息时都更坚定了她与敌人斗争到底的决心。又过了一段时间，当大春女被放出狱的时候，她把写好的日记托大春女带出交给安国县委的同志。

安国县委一直密切注意着田振亚在狱中同敌人斗争的情形并一直在设法营救她。大春女出狱不久，田振亚被转押到一间无人看管的牢房，这是上级组织为营救她特意安排的办法，田振亚从这里逃出了敌人的监狱，并欣喜地看到中国人民赢得抗日战争的最后胜利！

王家淼

剧宣四队队长魏曼青写给何惧的信

艺术服务抗战

抗战时期大后方活跃着十几支抗敌演剧队和宣传队，激励民众士气，鼓舞人民斗志。中国人民抗日战争纪念馆藏有 1943 年 11 月 30 日剧宣四队队长魏曼青写给原抗宣二队队长何惧（家麟）的信。这封信的内容较长，全文 2500 余字，详细介绍了部分演剧队的抗日宣传活动及艰苦的抗战生活，再现了当时西南大后方的抗战戏剧文化，很具史料价值。

1938 年 1 月，日军已侵占华北、上海、南京等地。为动员全民抗战，在以国共合作为核心的抗日民族统一战线推动下，国民政府军事委员会成立政治部，周恩来代表中共出任副部长。4 月，成立以郭沫若为厅长的第三厅，主管抗日宣传动员工作。在周恩来和三厅主持下，1938 年 8 月，原来各支队伍在武昌昙花林经过短期集训和互相观摩演出后，宣布成立 10 个抗敌演剧队、4 个抗敌宣传队和 1 个孩子剧团。在授旗仪式上，周恩来亲临讲话，他号召全体队员们“到前线去，到民众中去，为抗日战士和广大人民服务！”当时各个演剧队和抗宣队一般 20 多人，队员都很年轻，除孩子剧团外，平均在 20 岁上下。各队都实行供给制，除衣食由队里供给外，一律都发给生活费 2 元（后来才增加到 6 元）。虽然生活比较清苦，但是队员们在“抗日救亡”这个大目标下彼此紧密团结，互相鼓舞，生气勃勃。

1941 年第二次反共高潮中，抗敌演剧队被改为军事委员会政治部抗敌演剧宣传队，简称剧宣队。抗敌演剧一队改为剧宣四队，留柳州；二队改

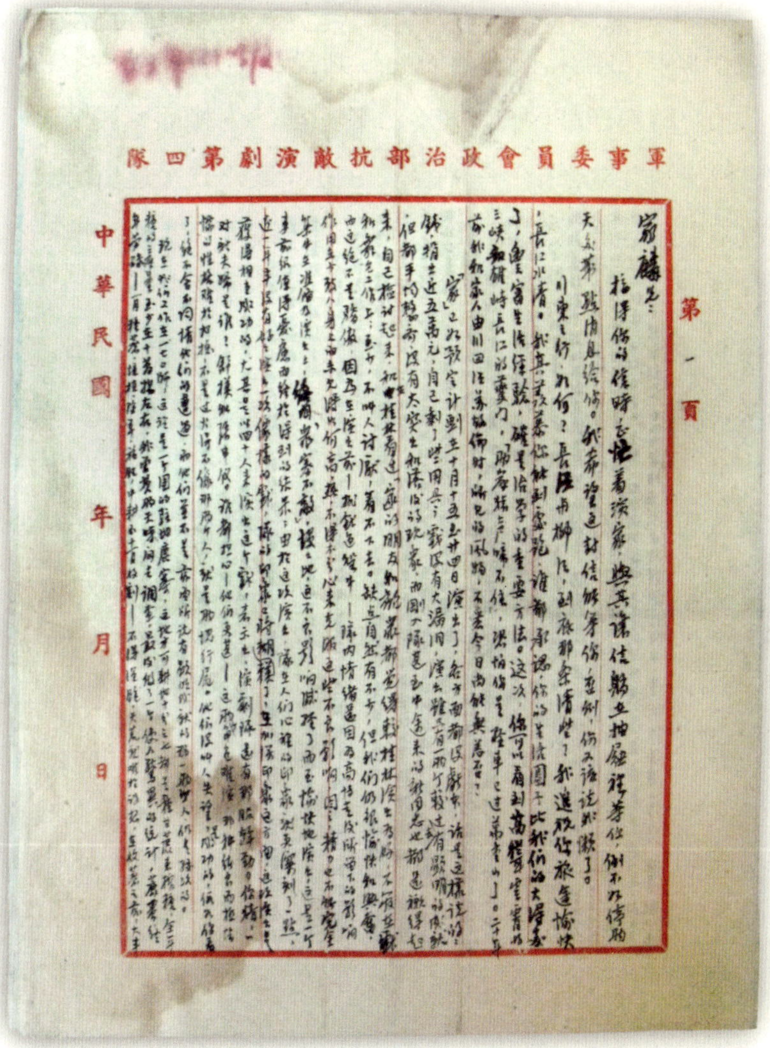

軍事委員會政治部抗敵演劇第四隊

第一頁

中華民國　年　月　日

为九队，留长沙，其余都有所调整。剧宣四队就是原抗敌演剧一队。其前身为上海业余实验剧团，后成为上海救亡演剧队第三队，1938 年 8 月改编为抗敌演剧一队，被派往武汉前线张发奎部第二兵团工作。武汉失守后，进入广东韶关地区，对粤北军民进行抗日宣传工作，演出了各种街头剧、活报剧。1939 年春，抗敌演剧一队被第四战区政治部改编为艺术宣传队，队内中共党组织坚持工作，抵制当局的控制措施。1940 年春，恢复原建制，魏曼青为队长，随第四战区长官司令部到广西，为柳州军民演出《我们的故乡》《包得行》（与九队合排）等剧目。1940 年底，日军退出南宁，演剧一队会同九队赴南宁进行群众宣传工作，同时创作演出了张客、齐闻韶、吴淞的《南宁克复后》，李超的《边城之家》《霸王山》等剧目。

1941 年被改编后，全体队员在中共地下党的领导下，抵制了反共逆流，稳定了情绪。此后两年多，全队一方面坚持以柳州为依托，在桂南一带为军民巡回演出；另一方面抓紧业务训练，钻研剧场艺术。这期间排演了《蜕变》《家》《大明英烈传》等，创作了多幕剧《边城之家》，独幕剧《嫁不嫁》《开小差》等。

在 1943 年 11 月 30 日，担任剧宣四队队长的魏曼青给抗宣二队队长何惧写信，交流了演出、创作等情况。信中首先汇报了近期的演出情况，“《家》已如预定计划在十月十五至二十四日演出了……自己检讨起来，和在桂林看过《家》的朋友和观众都觉得较桂林演出为好，不管在戏和舞台工作上；至少，不叫人讨厌，看不下去。”对于演出的成功，他们心情“很愉快和兴奋”，由于近一年半没有好好演出一次像样的戏，队的印象已将模糊了，“由于这次演出，队在人们心里的印象就更深刻了一点。”“在加深印象这方面，这次演出是获得相当成功的，尤其是以四十人来演出这个戏，表示出演剧队还有那股干劲。”

接着，魏曼青又提到了其时所在的鹿寨地方民众生活的情况，“这地方可耕地十分之七都是种甘蔗来榨糖”，他曾费两天时间专门去调查，“最后做了一个使人惊异的统计”，蔗农终年劳碌，从一月一直干到十一月，却“不得温饱，天荒就难于设想，在收蔗之前，大半借贷度日”，“只有一天天挨下去”。反映了民众生活的疾苦和对他们的深切同情。

随之，魏曼青又叙说了驻地部队的情况，同农民一样，也很凄惨。所在的第一七〇师“是候调师，就更苦了，都是新兵，又不足额，教育程度低，素质差——半为犯人顶替的——吃不饱，没草鞋，军毯一条来过冬”。为此，剧宣队“明天开始募款演出，给他们添点图书，买点稻草铺床”，“希望成绩能好，我们精神上的负担也可以减轻点”，“昨天演《流寇队长》招待他们，弟兄们放开肚子笑了，而后渐渐沉默而犹为感叹了。当他们天真地笑的时候，我们心里似乎也感到了温暖。”或许这正是剧宣队的价值所在吧。他们通过募演为并不优裕的抗战将士解决一些实际困难，给予他们精神上的慰藉，鼓舞他们的士气。并随他们悲而悲，随他们乐而乐，“我们是生长在自己和别人的感情里的”。

然后，魏曼青又向何惧说到了将于第二年2月举办桂林戏剧节和戏剧展览的事，“这是创举，西南各演剧队及其他剧团都将参加，甚至昆明都有人来。这在世界戏剧史上都是划时代的事件”，希望他“也早点筹备，能来一趟，看看西南剧运——艺术服务抗战的运动——到达什么程度了”。魏曼青和剧宣四队将带着《蜕变》《家》去参加，“但总觉还不够味，希望再有个新戏，可是找不到剧本”，迫切请他找一个正在重庆上演的《戏剧春秋》的剧本寄来。

最后，魏曼青又讲述了自己作为队长带队的情况和心情，“以前光知道如何工作就行，现在的‘家’就不得不‘当’，也确不容易当，每人的病、苦、甜、家事、用钱，你都得设法、费心、奔走，几年的队，队里的人，有问题就不能不解决”，“在我呢，也觉得就更走近人生实验室的门了……我只觉得一个人应该做对得起自己和别人的事，光顾自己如何如何，这条路是走不通的，由于自私、主观太强，许多人都碰晕倒在人生实验室的台阶下”。

1944年2月，他参加了西南第一届戏剧展览会。1944年夏秋，他随10万人黔桂大撤退，辗转于贵阳、安顺一带，仍坚持演出《岁寒曲》《国家至上》《草木皆兵》《金玉满堂》等剧，直到迎来抗战的胜利。

2009年何惧之女何碧等将这封信件捐赠给中国人民抗日战争纪念馆。

要秋霞

刊登《开罗宣言》的美国《纽约时报》

正义的宣告

在中国人民抗日战争纪念馆里陈列着一份报纸，弥足珍贵，它是1943年12月2日的美国《纽约时报》原件，上面刊载了由中、英、美三国联合发布的《开罗宣言》。

1943年初，第二次世界大战已经取得决定性胜利，轴心国德国和意大利节节败退，第二次世界大战出现了战略转折，意大利于9月投降。1943年11月21日，蒋介石在宋美龄的陪同下抵达开罗，这是中国自鸦片战争以来第一次以世界大国身份登上国际外交舞台。从22日至26日，中、美、英三方进行多轮谈判，终于达成一致。尤其是关于中国的领土主权问题，更是几易其稿，终于确定为“三国之宗旨，在剥夺日本自从一九一四年第一次世界大战开始后在太平洋上所夺得或占领之一切岛屿；在使日本所窃取于中国之领土，例如东北四省、台湾、澎湖群岛等，归还中华民国；其他日本以武力或贪欲所攫取之土地，亦务将日本驱逐出境……”26日下午，罗斯福、丘吉尔和蒋介石在米纳饭店旁的草坪上举行了媒体见面会，宣布开罗会议达成共识，三大盟国将以国际公报的方式向世界公布《开罗宣言》的全部内容。12月1日，中、美、英三国分别同时在重庆、华盛顿、伦敦三地发表了《开罗宣言》。

《开罗宣言》发表后，中国各界一片欢腾，世界各大报纸、刊物上纷纷以首版刊登开罗会议的消息及内容。美国《纽约时报》是在《开罗宣言》公

"All the News That's Fit to Print."

The New York Times.

LATE CITY EDITION

NEW YORK, THURSDAY, DECEMBER 2, 1943

CRUSHING OF JAPAN MAPPED AT CAIRO PARLEY; EMPIRE WILL BE STRIPPED TO PRE-1895 STATUS; 8TH ARMY DRIVES ON; U.S. FLIERS AGAIN HIT REICH

1,440 ON GRIPSHOLM WILDLY HAPPY HERE; RETICENT ON TRIALS

FBI CHECKS ON ARRIVALS

Colombians Urged To Give Their Blood

GERMANS HOLD ON

Fiercest Air Support of Mediterranean War Resisted in Italy

COUNTER-BLOW SEEN

Capture of Three More Towns Is Reported—Fifth Army Gains

BEEF AND 15 FOODS GET CUT IN POINTS

PRINCIPALS IN THE WAR CONFERENCE HELD AT CAIRO

ALL-OUT WAR SET

Allies Plan to Retake Manchuria, Formosa and Seized Islands

PLEDGE FREE KOREA

Will Relinquish Own Claims and Help Rebuild China

FORTRESSES STRIKE AT SOLINGEN AGAIN

Bid to Soviet Is Discerned In Some of 'Stripping' Terms

SCENE OF PARLEY LIKE ARMED CAMP

RED ARMY SLOWED BY GERMAN BLOWS

War News Summarized

Only 197 of 3,000 Quit in Schools; No Disturbance as AFL Fills Jobs

Warships Push Into New Areas To Shell Foe in Southwest Pacific

布的第二天以头版头条的方式刊登了开罗会议的内容，其中首版标题用加粗的黑字赫然写着“开罗会议剥夺日本侵占的领土，其领土应限定在1895年以前的状态”。并配发了罗斯福、丘吉尔、蒋介石、宋美龄四人的合影。该报同时还在第二版刊载了《开罗宣言》的全文。这份报纸不仅记录了中国第一次以大国身份参加世界级首脑会议，还提高了中国在国际社会的威望，确立了中国世界四强的地位。而作为会议重要成果的《开罗宣言》也成为奠定战后国际秩序的基础性文件之一，它明确指出了中国对台湾及其附属岛屿（包括钓鱼岛）在内的领土主权，为中国战后收回被日本占领的领土提供了国际法依据。

刘守华

王正南一家的合影

“一树的八路军”

老照片是过去生活的记录，它用生动直观的图像真实记载了个人、家族、团体、国家等的历史，将一幕幕瞬间凝固为永恒，成为永久的记忆，具有文字资料不可替代的作用。抗战老照片真实生动地反映了抗战生活的方方面面，是研究抗日战争历史的珍贵史料。

中国人民抗日战争纪念馆珍藏了一张特别的老照片。这张照片右上角和左下角已经残缺，下部也多有裂口，最引人注意的是照片的构图——一棵大树布满了整个画面，树上或坐或站着七位年龄各异的男子，树下正中端坐一位老者，左边站立着一位妇女和一个小女孩，右边站立着一对中年夫妇。照片中站立在大树下最右边的中年男子名叫王正南，时任八路军冀鲁豫军区八分区七团参谋长，全部照片12人中，除树下的小女孩外，都参加了八路军，正可谓是“一树的八路军”！

王正南（1911—1965），山东肥城人。1935年考入黄埔军校第12期，毕业后在国民党部队历任排长、连长、营长等职。1937年日本制造七七事变，发动全面侵华战争。中国共产党号召全国同胞团结起来，抵抗日军侵略。在中国共产党的积极推动下，以国共合作为基础的抗日民族统一战线正式形成。全国抗日武装开赴前线，正面战场、敌后战场协同配合，共同抗击日本侵略者。

王正南非常赞同中国共产党的抗日救国主张，1939年毅然脱离国民党

部队回到家乡肥城，组织抗日武装，称二区游击大队，任大队长。1939年7月，王正南率部加入八路军，改编县独立营，任营长。1940年，王正南加入中国共产党。同年，县独立营补充到八路军第一一五师三四三旅，他任旅政训股股长。1942年王正南任冀鲁豫军区八分区教导大队长，参加了1943年“9•17”和“10•12”反“扫荡”。1944年王正南任冀鲁豫军区八分区第七团参谋长，1945年任冀鲁豫军区八分区参谋长，参加了解放东平、巨野等战斗。攻打阳谷时，他一人持枪射击，两个战士往枪膛压子弹，封锁了敌人六处射击孔，使部队顺利攻克阵地。

在王正南的倡导和带领下，他的叔父王维涛，兄弟王正梅、王正兰、王正珠、王正菊，堂弟王正福、王正堂，表弟高立为、赵传银等十余人相继参加八路军。1944年春，王维涛、王正南叔侄兄弟等相继回到范县休整，一家人为抗战常年奔波在外，难得相聚得这么齐全，于是在门口的大枣树上拍摄了这张珍贵的合影。

抗日战争是近代中国一场全民族广泛动员和参与并取得完全胜利的民族解放战争。天下兴亡，匹夫有责。广大民众踊跃参军参战，保卫自己赖以生存的家园。为了祖国的利益，青年们奔赴前线，奋勇杀敌，妇女儿童们在后方生产支前，作抗战的坚强后盾。王正南家族十余人参加八路军，奋起抵抗日本侵略者，可谓是中国民众不畏强暴、保家卫国精神的缩影。

2016年11月，王正南的妹妹王雨平、侄女王彤将这张保存了72年之久的合影照片捐赠给中国人民抗日战争纪念馆。这张王正南家族的合影照片将王氏家族的抗日家史，升华为中华民族的国家记忆，值得我们永远珍藏。

陈　亮

空战英雄林耀烈士遗物

这沉默的光荣是你

中国人民抗日战争纪念馆馆藏文物中有三件运动会小奖杯，奖杯主体已锈迹斑斑，奖杯配有木质底座，底座上有运动会的说明文字。这组奖杯分别为：林耀获1930年香港华仁书院运动会铜奖杯、南华体育会第八届四百米公开赛跑冠军铜奖杯及全港华人水球公开比赛亚军铜奖杯。这组奖杯是为国捐躯的年轻中国空军勇士——林耀的遗物。

林耀，名耀唐，字昭宇。1911年生于澳门，祖籍广东鹤山。童年在澳门读书，后就读于香港华仁书院。他在学生时期热爱运动，是港澳体坛的明星。曾代表香港出席全运会和远东运动会。1935年林耀从华仁书院毕业，与许多有志的华侨青年一样，深受孙中山“航空救国”思想影响，放弃出洋留学的机会，考入广东航空学校。1936年广东航校并入杭州笕桥中央航校，在校期间林耀成绩优异，是七期中的高才生。

1937年7月全国抗战爆发，中日空军在上海、杭州、南京等地展开空中大战，林耀所在的航校奉命西迁。其时，北方高校也在南迁，在南迁途中，梁思成、林徽因一家与七期学员相遇，并结下了深厚的友谊。由于航校十期学员林恒是林徽因的胞弟，因此梁氏夫妇成了学员们的“名誉家长”。林耀在给家里的信中写道：“徽因现在成了我的姊姊，什么事我都得报告她才放心，她一家给我很大鼓舞，也只有他们的关怀才使我觉得温暖。”

1938年，林耀从航校毕业后被分配到空军第五大队，驻守成都。1939

1930 年香港华仁书院运动会铜奖杯

南华体育会第八届四百米公开赛跑冠军铜奖杯

全港华人水球公开比赛亚军铜奖杯

年5月3日，日机45架空袭重庆。12点30分，驻守广阳坝的中国空军部队接到命令后，立即派飞机升空拦截。中国空军分3个编队依次升空，其中，林耀所在的中队被安排在第二编队。机群升空后，即在各自负责的空域搜寻敌机。发现敌机机群后，林耀驾机勇敢地冲进敌机群编织的火网中，迅速将子弹射向敌机一举击毁两架日机，自己座机也被敌机击中，左手臂受伤，被迫跳伞落在重庆铜锣峡亚细亚站旁的山峰，幸被抢救生还。他伤愈后已不宜继续担负空战任务，被调往航校任飞行教官。

1941年6月，日机对重庆等重要城市狂轰滥炸，上万群众窒死在防空洞，这一惨剧使林耀义愤填膺，他坚持用器械锻炼，终于使左臂康复。本来他可以离开战斗第一线或退役，但他坚决要求归队杀敌，得到批准，被任命为第二十六队副队长，重上空战前线。1944年春，日军从汉口南侵，他奉命调往湖南地区协同陆军作战，又在长沙上空击落敌机一架，被提升为第十七队队长。同年6月26日，他率机在湘江执行歼击日军船队任务，击毁击伤多只日军船只。但他自己的座机也被日军护航火力击中尾部，在返航途中又遇暴雨，由于机尾受伤操作不灵，飞机撞山坠毁，壮烈殉国。现在，林耀和他的许多抗日战友的英名已被镌刻在广东省航空纪念碑上。

目前珍藏于中国人民抗日战争纪念馆中的这组奖杯，是林耀在香港读书时获得的。他阵亡后，他的家人在1945年中秋才获知此噩耗。这组奖杯一直由家人保存，2001年由林耀的侄子林万晖捐赠给中国人民抗日战争纪念馆。它们体现了在日本侵略、国难当头之际，无数优秀中华儿女，不论身在何处，毅然放弃本来优裕的生活，坚决走向保卫国家的战场！

林徽因的弟弟林恒，在1941年成都双流机场反击日机空袭的一次空战中，不顾日机的轰炸扫射，冒死登机，驾机起飞迎战。他在英勇击落一架日机后，被敌机击中坠落，壮烈殉国，年仅26岁。抗战胜利的前一年，也就是林耀牺牲的这一年，林徽因写下了一首悲壮哀婉的诗——《哭三弟恒》，她写道：

弟弟，我没有适合时代的语言
来哀悼你的死；
它是时代向你的要求，
简单的，你给了。
这冷酷简单的壮烈是时代的诗
这沉默的光荣是你。
……

林徽因的这首诗，是写给英勇献身了的弟弟林恒的；然而，又何尝不是写给像林恒、还有林耀那样无数血洒长空的年青人的呢！

任京培

台湾抗日志士宋斐如的结婚纪念丝帕

勿忘台南开元寺古梅

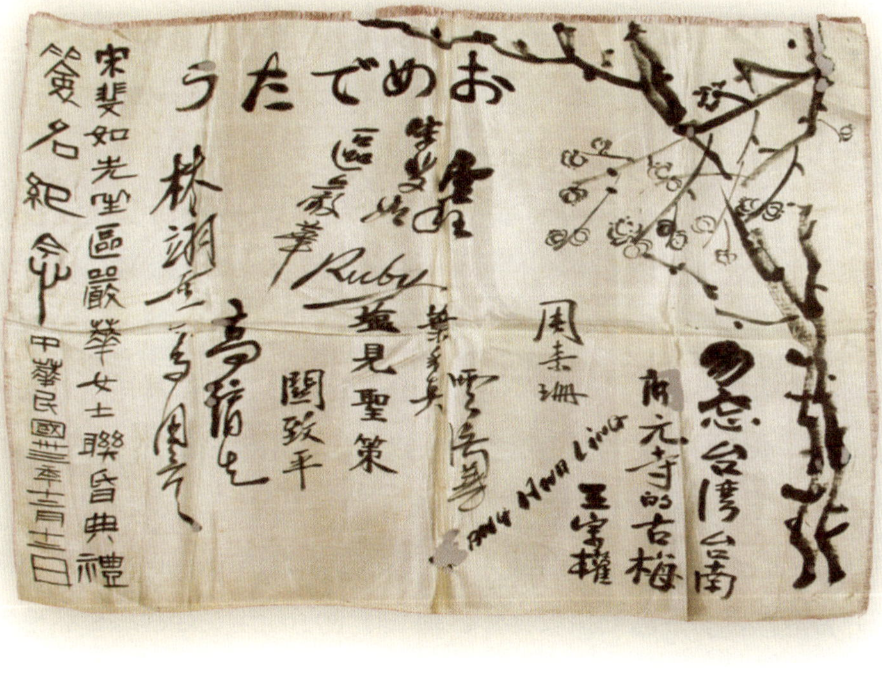

这是一条台湾抗日志士宋斐如夫妇结婚纪念丝帕。丝帕正面画着一枝梅花，旁书“勿忘台湾台南开元寺的古梅”，并有宋斐如夫妇的同事和朋友们的签名，这是宋斐如夫妇结婚时他们赠送的。

宋斐如（1903—1947），原名宋文瑞，出生于台南县仁德乡。1922 年，宋斐如从台北商工学校毕业，因为不愿在台湾继续接受日本殖民教育，便于次年回到祖国大陆。1924 年就读于北京大学，1930 年他从北京大学毕业后留校任教，创办《新东方》杂志，翻译了《台湾民众的悲哀》一书，并发表了《“德化政策”下的台蕃暴动》一文，介绍台湾原住民英勇悲壮的“雾社事件”。1941 年 2 月 10 日，宋斐如和李友邦、谢南光等人，在重庆组织了台湾革命同盟会，并以“保卫祖国，光复台湾”为目标，宋斐如担任常委兼执委。1942 年，宋斐如代表台湾革命同盟会参加在重庆举行的台湾光复运动宣传大会并发表《台湾的惨状与祖国的责任》演说。他明确指出“六百万台胞只要求回到祖国温暖的怀抱来”，表达台湾同胞渴望回到祖国和光复台湾的决心。1943 年 8 月，宋斐如担任《广西日报》主笔，他先后在《广西日报》《大公报》《西南青年》等刊物上发表了《毋忘台湾》《论台湾的革命战略》《如何收复失地台湾——血浓于水台湾必须收复》等 30 多篇有关抗战及收复台湾的文章。在台湾的领土归属问题上，宋斐如以地理、历史、人口三方面进行论证，证明台湾是中国的领土，认为台湾始终是抵抗异族统治的坚强根据地。

此条丝帕寄托了朋友和同事对他们夫妇的鼓励、期望与嘱托。希望他们不要忘记被日本帝国主义殖民的家乡，在祖国大陆积极进行抗日斗争，争取早日把侵略者赶出中国，光复台湾！

1945 年抗日战争胜利后，台湾光复，宋斐如跟随“前进指挥所”的人员匆忙赶赴台湾，准备台湾的接收工作。他先于妻子和儿女赴台，虽然他走得匆忙，但是仍然不忘嘱咐妻子带上这件结婚纪念丝帕，可见它在宋斐如心中的重要地位。宋斐如的儿子宋亮在《宋斐如文集》中写道：“父亲没有忘记朋友、同事的嘱托，无论是在抗击日军的征途中，还是在回台从事恢复国民教育的工作中，他已向台湾的父老乡亲、兄弟姐妹交上了一份满意的答卷。”

任建玲

朱德、聂荣臻为汉斯·米勒回国给林彪的信

亲切的关怀

汉斯·米勒大夫是一位对中国人民抗日战争乃至世界反法西斯战争作出杰出贡献的德国著名国际友人。他 1915 年 1 月出生于德国杜塞尔多夫城，1939 年毕业于瑞士巴塞尔大学并获医学博士学位。时值欧战爆发，年仅 24 岁的米勒，放弃了去美洲行医的机会，毅然选择了中国这个当时世界反法西

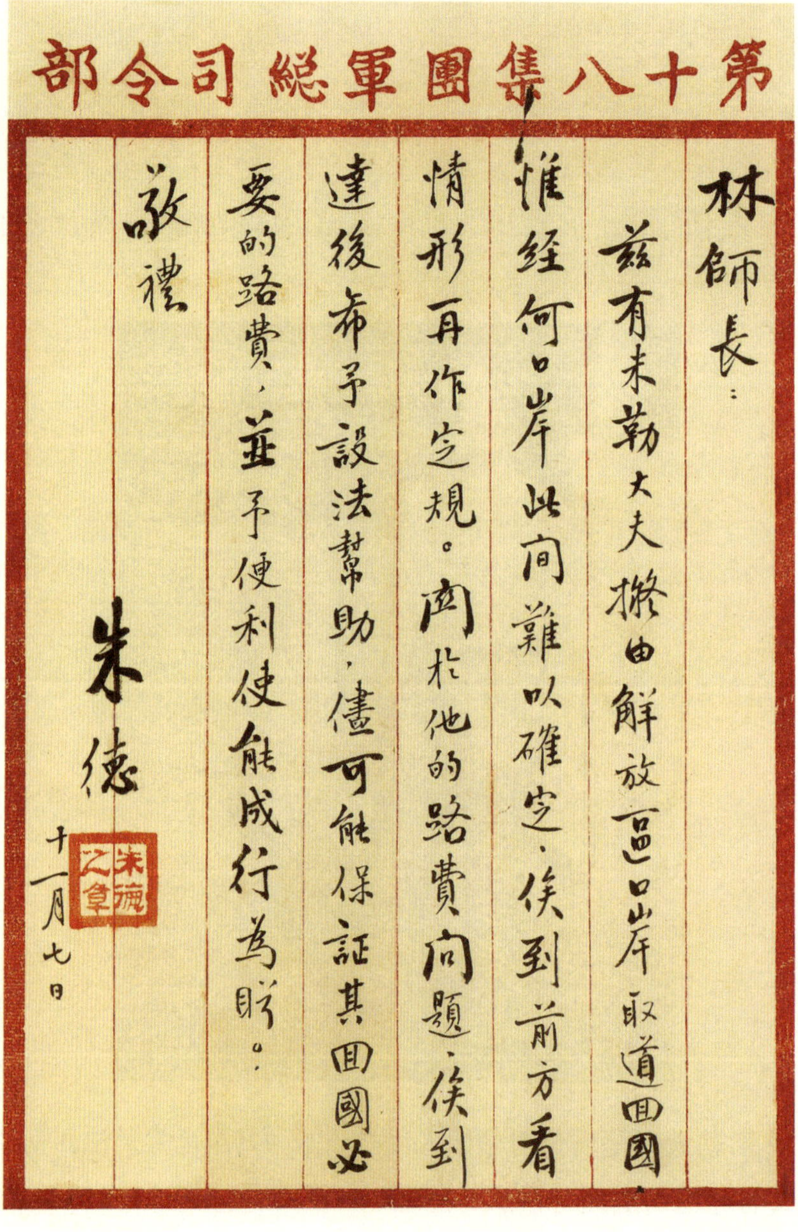
第十八集團軍總司令部

林師長：

茲有朱勒大夫擬由解放區口岸取道回國，惟經何口岸此間難以確定，俟到前方看情形再作定規。關於他的路費問題，俟到達後希予設法幫助，儘可能保証其回國必要的路費，並予便利使能成行為盼。

敬禮

朱德

十一月七日

斯最大战场去与法西斯作斗争，经宋庆龄领导的“保卫中国同盟”联系，远涉重洋奔赴延安，投身中国抗日战争。

在延安担任了两个月的内科医生后，他主动要求到抗日前线。经过长途跋涉，到达太行山腹地的八路军总部。在太行山抗日根据地，米勒用精湛的医术挽救了无数八路军伤病员的生命。由于长期在前线艰苦和紧张的工作，使米勒积劳成疾、疾病缠身。中共中央为了他的健康和安全，决定让他离开前线返回延安治病。病愈后，米勒随即投入工作，在延安国际和平医院担任内科主任医生。

1945 年抗战胜利后，来华已六年的米勒，十分想念德国的亲人，于是向组织申请回国。米勒提出回国的申请，得到第十八集团军总部的批准。朱德、聂荣臻、苏井观等人先后就米勒回国给予了特别的关心和帮助，为他出具相应的证明材料，并对他作出的卓越贡献表示衷心的感谢。朱德、聂荣臻两位中共高级领导人还特意给时任八路军第一一五师师长林彪写信，指示他帮助米勒大夫选择安全方便的出境口岸并筹措路费。两封信字里行间充满了两位中共高级领导人对国际友人的亲切关怀。

林师长：

兹有米勒大夫拟由解放区口岸取道回国，惟经何口岸，此间难以确定，俟到前方看情形再作定规。关于他的路费问题，俟到达后希予设法帮助，尽可能保证其回国必要的路费，并予便利使能成行为盼。

敬礼

朱德

十一月七日

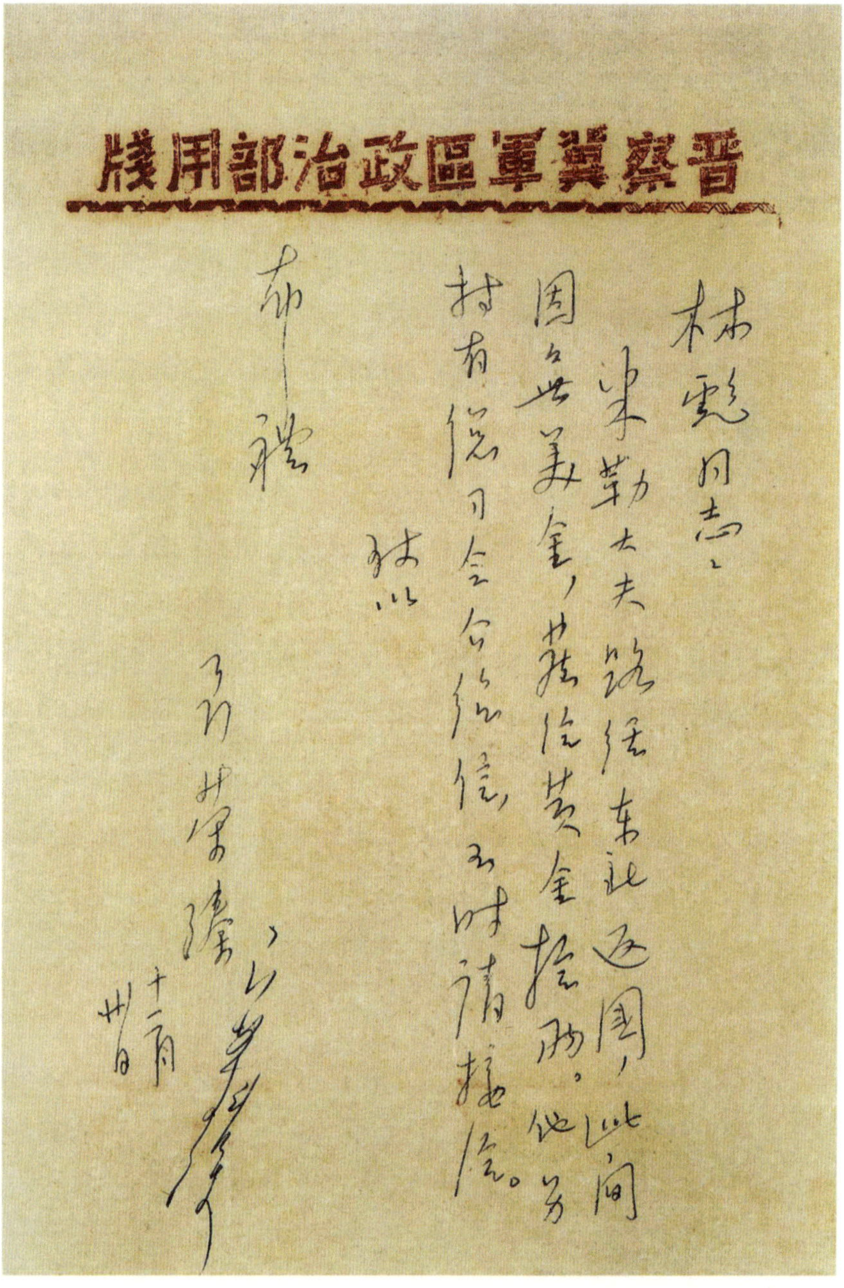

晋察冀軍區政治部用牋

林彪同志：

宋勒大夫路经东北返国，此间因无美金，特借给黄金拾两。他另封有信同令公给信，到时请接信。

致以

布礼

聂荣臻、刘澜涛

十二月廿日

林彪同志：

米勒大夫路经东北返国，此间因无美金，发给黄金拾两。他另持有总司令介绍信，到时请接洽。

致以布礼

聂荣臻

十一月三十日

从朱德、聂荣臻写给当时东北地区林彪的信中，我们可以看出中共方面对米勒回国一事做了较为精心的组织与安排。既考虑了米勒返程的路线、可能经过的口岸，还设法解决其路费问题，十分细致周到。那米勒有没有回国，途中是否顺利等问题接踵而来。

据查阅相关资料，当时组织上不但批准了米勒回国的申请，还与美国驻西安联络组取得联系，希望他们帮助米勒，搭乘美国军用飞机到重庆，然后转乘去德国，但由于美国联络组没有认真安排，米勒此次未能成行。之后，考虑到米勒的安全，组织上建议他走张家口、承德这一路线，取道东北，然后途经苏联回国。米勒同意了这个方案。当他离开延安到达承德时，国内局势发生了剧烈的变化。国民党在美国的帮助下，不断往东北调派兵力，抢夺抗战胜利果实。同时，承德到东北的铁路交通也被国民党军队切断。情势岌岌可危，国共即将陷入内战。

国内形势变化如此之快，回国之路如此坎坷曲折，米勒陷入了迷茫与彷徨。时任冀察热辽军区司令员萧克、副司令员李运昌会见了米勒，帮他一起分析国内国际形势。他们认为：国内交通中断；德国也因战争破坏，百废待兴，米勒即便回到德国，生活上也将十分困难。他们劝米勒："还不如看一看，待局势明朗后再行定夺。"同时，米勒的老战友、时任冀察热辽军区卫生部部长李资平也劝导和挽留米勒。

最后，米勒放弃了回国的愿望，决定留了下来。之后参加了解放战争，任冀察热辽军区野战医院院长。在国民党军队大举进攻面前，他率领全院医务人员和伤病员长途跋涉，转战千里。新中国成立后，米勒又投身中国的社会主义建设，于1955年加入中国籍，1957年加入中国共产党，先后在长春第三军医大学、沈阳中国医科大学、北京积水潭医院、北京医科大学任职，为中国医疗卫生事业做了大量的工作和卓越的贡献。1994年12月逝世。

桂星星

苟吉堂抗日志文和南京受降邀请函
矢志报国　见证胜利

在中国人民抗日战争纪念馆中陈列着抗日将领苟吉堂的三件文物，它们是：1931 年 10 月 2 日，苟吉堂从东京若松町宪兵监狱出狱后在毛巾上写的抗议日本发动九一八事变的志文、中国战区日军投降签字仪式邀请函及入场证。

苟吉堂，又名苟在安，1898 年出生于四川省宣汉县西北乡的一个农民家庭。1928 年赴日本陆军士官学校学习军事。回国后，苟吉堂积极投入到抗日救亡运动中。抗战期间，他历任第十三军参谋、第八十九师参谋长、第一一〇师参谋长、第八十五军参谋长、第二十军团参谋处长、第三十一集团军参谋处长、第二十九军副军长、第三方面军副参谋长、第三方面军前方指挥所主任等职。作为抗日有功人员，国民政府授予他光华奖章、忠勤勋章、云麾勋章等。美国政府授予他美国自由勋章，以表彰他在“二战”期间对美国盟军的贡献。

1931 年日本蓄意发动九一八事变，消息传到日本后，在东京学习的中国留学生群情激愤，他们联合起来推举代表，在东京街头举行公开抗议。苟吉堂是请愿代表之一，被逮捕后关押在东京若松町宪兵监狱。在狱中，日方威逼利诱，说只要写悔过书，就可继续学习。苟吉堂等人断然拒绝，被学校开除并被遣送回国。出狱后，苟吉堂将在日本宪兵监狱的经历写在当时用的洗脸毛巾上：“中华民国二十年九月十八日晚，日军强占我东

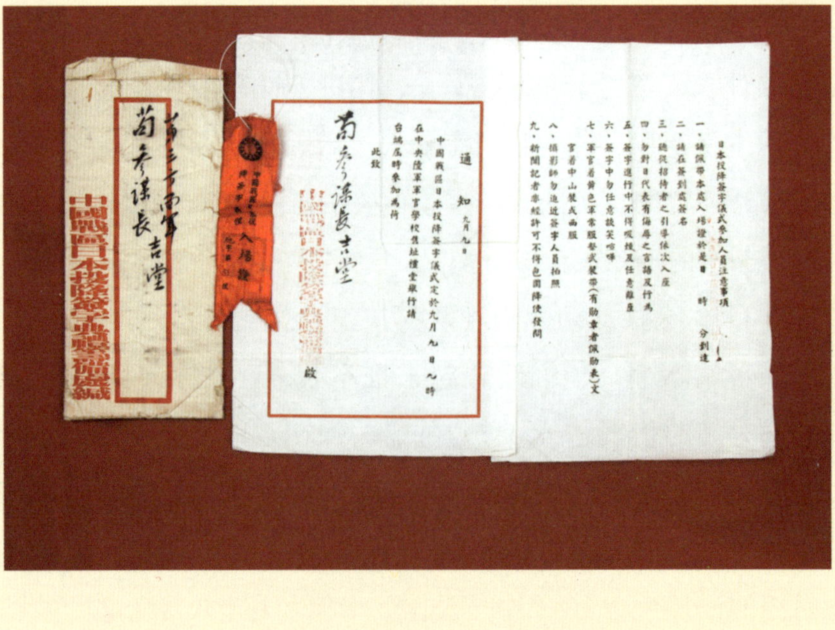
中國戰區日本投降簽字典禮籌備處緘
入場證
通知 九月九日
中國戰區日本投降簽字儀式定於九月九日九時
在中央陸軍軍官學校大禮堂舉行請
台端屆時參加為荷
此致
啟
日本投降簽字儀式參加人員注意事項
一、請佩帶本處入場證於是日 時 分到達
二、請在簽到處簽名
三、聽從招待者之引導依次入座
四、勿對日代表有侮辱之言語及行為
五、簽字進行中不得吸煙及任意離座
六、簽字中勿任意談笑喧嘩
七、軍官着黃色軍常服整武裝帶(有勳章者佩勳表)文官着中山裝或西服
八、攝影師勿迫近簽字人員拍照
九、新聞記者非經許可不得包圍降使發問

北，实施种种破坏与屠杀和劫掠，并怂恿肖小谋叛藉口满蒙族独立。其所施于朝鲜者，复加于我。本天下兴亡，匹夫有责之义，且吾侪正在暴日陆士留学，既不能捍卫国家，又不能急赴国难，诚我军人最大耻辱。惟力不从心，仅抱牺牲精神作总退学，图揭破暴日虚唱亲善假名，斩断助长我内乱之根株，期他日国有可救。在总退学的当中，日人加我代表等为煽动退学风潮之祸首，拉我等拘禁，我等宪狱三十小时，此为在狱时所用之纪念面巾也。时十月二日晚，於东京若松町出狱后，吉堂志。”苟吉堂的这篇抗日志文，道出了所有留日学习的中国军人的心声。在日本的心脏地带，中国军人抛弃个人前途，不顾生命安危，表明归国抗战的决心，展现了中国军人急赴国难、抗敌御侮的铮铮铁骨。

全民族抗战爆发后，作为第十三军参谋的苟吉堂参加了南口战役，并在其后主编的《中国陆军第三方面军抗战纪实》（南口之战）中记录了日军公然违背国际公约使用毒气的历史。“8月19日，敌因其攻击挫败而恼羞成怒，以大量之毒瓦斯炮弹向我已克复之八五零高地东处之碉楼一带狂射……一日之间伤亡总数达一千二百四十余人。8月21日，惟我第四师十旅第十九团傅竞芳部扼守黄泥洼要口之一个营，为敌炮残酷轰击，且敌杂用不少毒气弹，致该营大部均牺牲于阵地内。”

从南口战役开始，苟吉堂先后参加了大小数百次战斗。其中较大的战斗战役有：漳河战斗、子洪口战斗、台儿庄战役及徐州会战、武汉保卫战，随枣会战、1939年冬季攻势、枣宜会战、豫南会战、中条山会战、桂柳会战、湘西会战、收复广西作战等。

1945年8月，日本宣告无条件投降，中国人民经过浴血奋战，终于迎来了抗日战争的伟大胜利。日本投降后，苟吉堂赴上海忙于接收事宜，任淞沪警备司令部副参谋长，并参加了在南京举行的中国战区日军投降签字仪式，目睹了日本中国派遣军总司令官冈村宁次在日本投降书上签字、向中国投降这一历史时刻。

2014 年，荀吉堂将军的儿子、四川大学教授荀兴华先生将珍藏多年的这几件珍贵历史物证捐献给中国人民抗日战争纪念馆永久收藏。这几件物证不仅见证了中国军人面对外敌殒身不恤、奋起反抗的历史，也见证了日本军国主义在中国战场的最终失败。

何　丁

叶铭汉的毕业证和汽车连布标番号

两代院士的抗战情怀

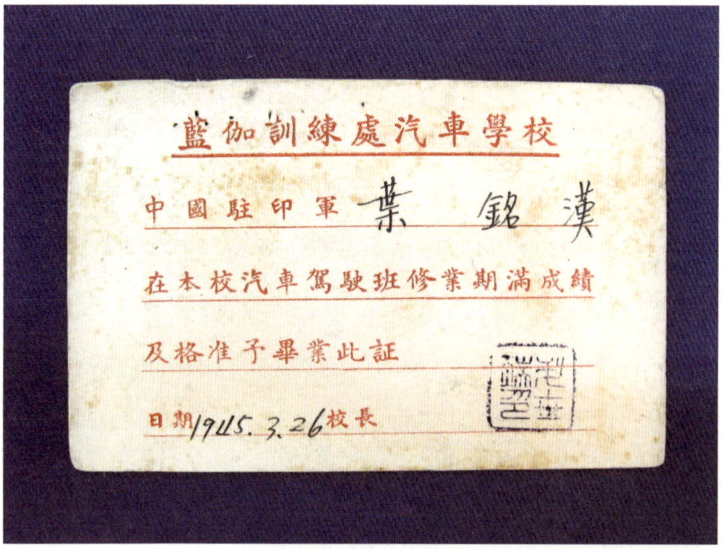

藍伽訓練處汽車學校

中國駐印軍 葉銘漢

在本校汽車駕駛班修業期滿成績

及格准予畢業此証

日期1945.3.26校長

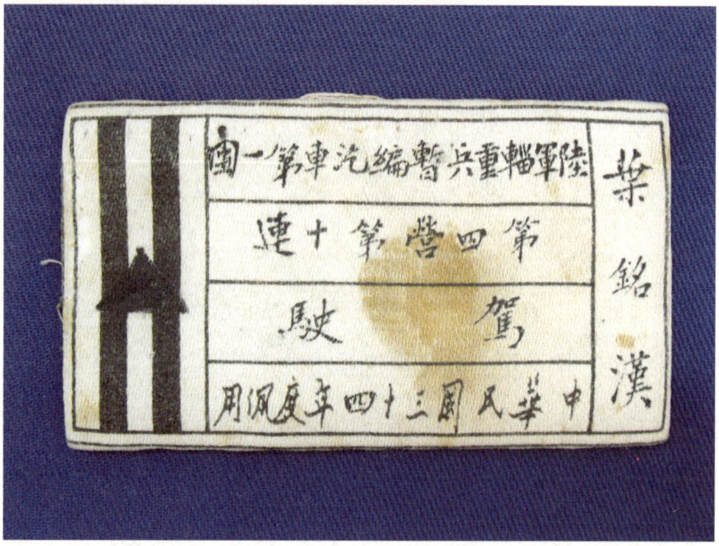

在中国人民抗日战争纪念馆中展有为根据地秘密输送人才、筹集军工物资的清华大学教授叶企孙的照片。这里呈现的两件珍贵文物则是叶企孙的侄子、后来也同为院士的叶铭汉，于1945年在印度蓝姆伽训练处汽车学校的毕业证和在陆军辎重兵暂编汽车第一团四营十连驾驶布标番号。叶企孙、叶铭汉叔侄两代院士，先后投入抗战的洪流，堪称中国知识分子的表率。

叶企孙（1898—1977），原名鸿眷，号企孙，1948年被评为中央研究院院士，1955年被评为中国科学院学部委员（即院士），是中国卓越的物理学家、教育家，中国物理学界的一代宗师，中国科学史事业的开拓者。

1898年，叶企孙出生于上海的一个书香世家。1911年，他考取了庚子赔款游美预备学校——北京清华学堂。在清华求学期间，他就抱定“要想洗刷民族耻辱，要祖国强盛，必先加强自身的学识和修养，努力于学习科学文化知识”的崇高志趣，奠定了“科学救国”的理想。1918年，叶企孙留学美国。1920年，他以优异的成绩获得芝加哥大学物理学学士学位，1923年又获哈佛大学哲学博士学位。他婉言谢绝恩师对他的挽留，回到祖国，决心将自己所学贡献给国家和民族。1924年叶企孙任国立东南大学物理学副教授，1925年他回到母校清华大学，此后长期在清华大学任教，担任负责人、理学院院长，培养出一批高质量的人才，对我国科学事业的发展和清华大学的发展作出了重要贡献。

“科学救国”是叶企孙的理想，“爱国”更是他毕生的信念。1937年7月7日，日本侵略者制造了震惊中外的卢沟桥事变。中国守军奋起抵抗，中国全民族抗战开始。随着北平沦陷，清华大学也奉命南迁。9月，叶企孙抵达天津，却不幸染病，只得住院治疗。清华大学决定在天津设立临时办事处，由叶企孙领导，负责帮助清华的师生员工南下和照管清华在天津的财产。当时吕正操率领的八路军在河北省开辟冀中根据地，急缺军事技术人才。吕正操托辅仁大学化学系的教师、地下党员张珍征求抗日知识分子，到根据地从事军队的技术后勤工作。张珍找到了熊大缜。熊大缜是叶企孙的得意门生，师生感情甚笃。叶企孙原想熊大缜留下协助他教学工作，但是也被熊大缜的爱国热情感动，同意他前往冀中。熊大缜先是在冀中军区修械所担任工程师，不久即任军区印刷所长。熊大缜利用其专业知识，为部队制造炸药军火和无线电通信等军用器材，1938 年被任命为冀中军区供给部长。

叶企孙利用自己的威信和在平津两地的各种关系，联络、动员、举荐了许多技术人才陆续送到冀中根据地。他的学生葛庭燧、汪德熙都由他安排赴冀中根据地去进行军工研制工作。叶企孙还为冀中根据地筹借了大量资金、物资，秘密转送过去。

1938 年 8 月，叶企孙在天津的活动受到日本人的注意，随时有被捕的危险。10 月 5 日，他离开天津，取道香港赴昆明西南联大任教。叶企孙到后方后，和冀中抗日根据地一度仍保持着联系，他还想办法为冀中筹集资金，购买制造军事装备的物资等。他还著文介绍冀中的抗战情况，高度评价了冀中军民的抗日斗争。

叶铭汉是叶企孙的侄儿，1995 年被评为中国工程院院士，是中国当代著名物理学家，为我国核物理实验研究和高能物理实验研究在国际上占有一席之地作出了重要贡献。

1925 年叶铭汉在上海出生，自幼对叔父叶企孙崇敬有加，树其为人生楷模，希望将来能像他一样以知识和修身在世间立足。1942 年春，叶企孙来信让叶铭汉去重庆读书，学习和生活费用由他资助。叶铭汉早就想到内地上大学，几经辗转来到重庆，在中央大学师范学院附属中学高中部学习。1944 年 9 月，叶铭汉考入西南联合大学，在土木系学习。第一学期结束后，叶铭汉报国心切，在寒假时提交了入伍申请。1945 年初他在学校加入了青年军，之后便乘机飞赴印度受训、服役。他被编入汽车兵团，参加了汽车驾驶训练。抗战胜利前，叶铭汉和战友们开着美国吉普回到国内。抗战胜利后，叶铭汉便返校复学。1946 年 5 月，西南联合大学结束，复校为清华、北大、南开三所大学，叶铭汉进入清华大学，转入物理系学习。

2010 年叶铭汉将 1945 年在蓝姆伽训练处汽车学校毕业证、1945 年在陆军辎重兵暂编汽车第一团四营十连驾驶布标番号及西南联合大学发给他的从军纪念戒指等文物捐赠给中国人民抗日战争纪念馆，被评定为国家一级文物。

叶企孙、叶铭汉叔侄两代院士，不仅在科学研究领域取得极大成就，更在国家危亡的关头，积极投身抗战，打击日本侵略者，以自己的实际行动展现了中国知识分子对国家和民族的忠诚。他们不仅是中国知识分子的杰出代表，更是中华民族的优秀子孙。

陈　亮

苏军颁发给李思孝的嘉奖令

抗联魂　中苏谊

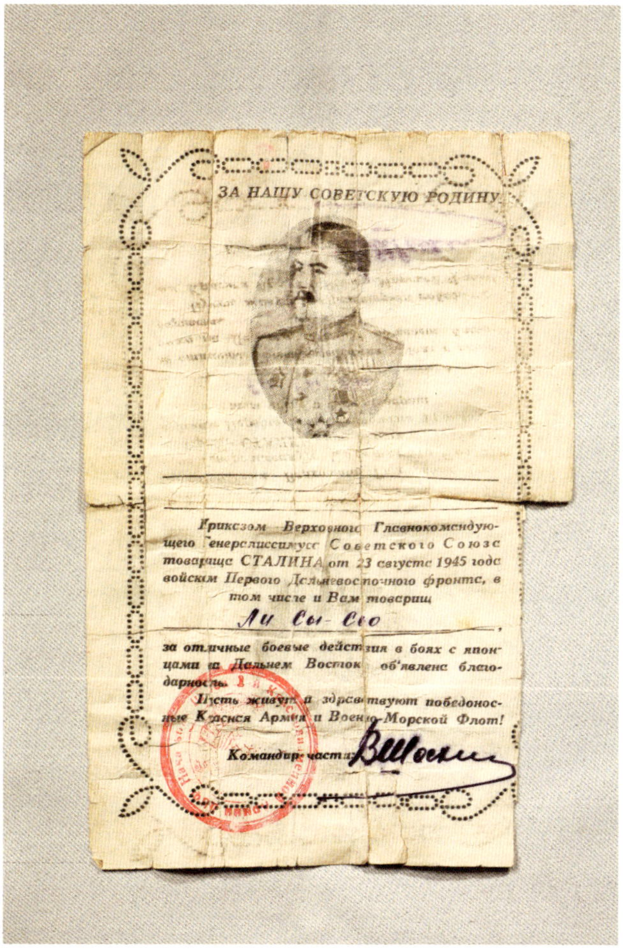
ЗА НАШУ СОВЕТСКУЮ РОДИНУ!

Приказом Верховного Главнокомандующего Генералиссимуса Советского Союза товарища СТАЛИНА от 23 августа 1945 года войскам Первого Дальневосточного фронта, в том числе и Вам товарищ

Ли Сы-Сео,

за отличные боевые действия в боях с японцами на Дальнем Востоке объявлена благодарность.

Пусть живут и здравствуют победоносные Красная Армия и Военно-Морской Флот!

Командир части

这是一件苏联远东第一方面军司令部颁发的嘉奖证书。它是1945年8月23日，为表彰李思孝在远东对日战斗中的作用，苏联远东第一方面军司令部为其颁发的。该证书纸张已经发黄，上面有深深的折痕，上半部分印着斯大林的头像，满页都是黑体俄文，左下角盖有一个红色印章。

第二次世界大战期间，在苏联红军的远东正规作战部队中，活跃着一支由中国东北抗联战士组成的苏联远东红军步兵独立第八十八国际旅，他们骁勇善战、屡建奇功，是闻名整个苏军的中国奇兵。1940 年初，东北的抗日斗争到了最艰苦的时期，日军对东北抗日联军发动了残酷的“讨伐”与“扫荡”，东北抗联伤亡惨重。为保存力量，中共东北党组织决定进行战略转移，除留下少数部队在东北继续坚持战斗外，其余大部分部队撤入到苏联远东境内休整，后被编为苏联远东红军步兵独立第八十八国际旅。李思孝就是其中的一员。

李思孝（1921—1981），原名江子华，1935 年参加东北抗联，1942 年到苏联，任苏联远东红军步兵独立第八十八国际旅参谋。1945 年 8 月，在苏联红军出兵中国东北对日作战中，八十八旅派出空降小分队，担负了敌后侦察、破袭等作战任务，为解放东北发挥了极为重要的作用。李思孝作为第一批先遣支队的一名指挥员，被派到远东第一方面军司令部参谋部作战组担任军事参谋。他们在远东战役中成为 170 多万苏联红军战士中的一员，同苏联红军战士一起打到中国东北和朝鲜。但在远东战争中，第一批先遣支队的士兵、军士和军官中，绝大部分献出了宝贵的生命。

1945 年 8 月 23 日上午，在莫斯科举行了最高苏维埃主席团、苏联国防人民委员部和总参谋部的会议。苏联最高统帅斯大林大元帅签署了不同寻常的关于在远东结束战斗、取得胜利的第 372 号最高统帅令。在这一命令中，斯大林就远东战争取得的胜利向全体人民表示祝贺，对参加战斗的红军战士和远东军人表示真诚的感谢。这份命令中列出了 417 名元帅、将军、上校和各级指挥员的名字。其中，步兵第八十八旅干事、远东第一方面军司令部参谋部少尉参谋李思孝被授予嘉奖证书。嘉奖令写道：

为了保卫苏维埃祖国，苏联最高统帅斯大林大元帅同志于 1945 年 8 月

23 日发布最高统帅令，对远东第一方面军前线部队，其中包括您——李思孝同志，对您在远东同日本人的战斗中的出色作用，作出的杰出贡献表示感谢和嘉奖。

伟大的战无不胜的红军和海军舰队万岁！

（签名）司令部首长：B. 希金

远东第一方面军司令部（印章）

李思孝因在苏联对日作战中的出色表现，获得了苏联远东第一方面军司令部颁发的嘉奖证书。这对于中国战士李思孝（江子华）来说，不仅是东北抗联誓死抗战精神的延续，也是中苏共同抗击日本法西斯侵略的历史见证。2010 年李思孝之子江玉章将其证书捐赠中国人民抗日战争纪念馆。

桂星星

晋冀鲁豫边区政府奖给田广生的“舍身取义”匾

人民战争的伟力

这块晋冀鲁豫边区政府为表彰抗日英烈而颁发的“舍身取义”牌匾，长250厘米，宽80厘米，质地为杨木，蓝底黄字，匾的正中位置从右到左镌刻四个金色大字“舍身取义”。字的上方阳刻一方印“晋冀鲁豫边区政府”。匾的左侧竖刻“山交编村全体干部群众敬立　民国三十五年四月十五日”。匾的右侧竖刻几行字：“晋冀鲁豫边区政府奖给——英勇的广生同志：你在民族革命当中，任人民武装主任，历经与敌伪斗争数载，不屈不挠，始终保卫群众利益，勇敢积极，为革命坚持到底。不幸于三十三年四月十五日被敌包围，为保护群众退却牺牲敌手，血迹垂世、英名不朽，凡革命志士踏血前进，赓续革命成功矣。”

这块匾由当时的一位小学教师曹逢春书写的，长久以来一直悬挂在田家的大门口上方。

抗日战争爆发后，武乡自发地组织起抗日游击武装，八路军第一二九师还派出了工作团到武乡，青壮年们踊跃参加八路军，全县各界动员，成立了以武乡为中心的太行抗日根据地。1941年7月18日成立了晋冀鲁豫边区政府，领导晋冀鲁豫的抗日斗争。按照中国共产党关于普遍组织民众武装的方针，武乡成立了民兵和自卫队武装自卫组织，积极配合八路军开展游击战争，进行反“蚕食”、反封锁、反“扫荡”，粉碎敌人的“三光”政策。

田广生，又名田景云，山西省武乡县故城镇茅庄村人，曾任武乡县武西区武装部民兵主任。1943年到1944年初，日伪军几次对茅庄村进行偷袭均未达到目的，于是就变本加厉的实施报复性“扫荡”。1944年4月15日凌晨2时，驻扎在南沟的日军平山中队长，调集日伪军300余人，偷偷摸摸进茅庄村。当时民兵武装住在村西头一家，值班岗哨发现敌情后，马上通知民兵撤退，但为时已晚。日伪军已将民兵包围，在民兵与敌拼杀的同时，民兵主任田景云组织民兵突围。他们先投掷了一阵手榴弹，炸散了门口的敌人，大部分民兵趁此空隙冲了出去。但田景云等三人为掩护大家突围而没能冲出去，只能撤回后院窑洞中与冲进来的敌人展开殊死搏斗，击毙日伪军十多人。他们利用窑洞宽厚的墙体掩护，射击企图冲进来的敌人，最后子弹打光了，他们被迫冲出窑洞，在院内与敌人展开白刃战，又杀伤敌伪数人后，最终因敌我力量悬殊过大，被敌伪所伏。穷凶极恶的敌人把民兵所住的院落房子全部烧掉，毒打审问田景云三人，但这三位英雄英勇不屈、大义凛然，他们一直痛骂敌人。恼羞成怒的敌人最后无计可施，把他们残酷地枪杀了。

1946年4月15日，山交编村全体干部群众聚集在山西武乡县故城镇茅庄村的田广生家，把晋冀鲁豫边区政府奖给田广生“舍身取义”匾悬挂起来，纪念一年前为了保护群众牺牲的田广生。匾的右侧记载和表彰了他的英勇事迹，表示革命志士会踏血前进，赓续革命成功！

2005年纪念抗战胜利六十周年之际，中国人民抗日战争纪念馆征集到此匾。

乔玲梅

后记

在编撰本书的过程中，作为抗战纪念宣传、研究的专业工作者，我们自身也深深为之感动，因此我们期待更多的人能看到这本书。目前大多数纪念馆对文物展示的只是比较简单的基本信息，展品也只是全部藏品中的一部分，更多的则可能躺在库房中。囿于参观的特点，即使有较充分的展示，观众一般也没有太多时间详细观看，多数仅仅是留下一个概略印象，大量丰富的有价值的信息没有传递出去。所以我们认为，将文物故事编辑成书是一种很好的传播形式，能够在更大程度上让文物"活"起来。

2018年，中国人民抗日战争纪念馆组织全国相关纪念馆编辑出版了《抗战文物故事》。这次我们又从中精选了抗战馆馆藏文物故事65篇汇集成册，力求让全国更多读者，特别是学生朋友从这些历史物证中了解文物背后的故事，积极引导广大中小学生走进抗战历史、传承抗战文化和精神。

本书编排大体以文物产生的时间为序，涵盖内容主要为1931年九一八事变至1945年抗战胜利14年间的文物故事，兼及甲午战争后台湾抗日志士事迹和全国抗战胜利后的相关故事，具有较强的典型性和代表性。

中共党史出版社对本书的编辑和顺利出版给予了大力支持，特别致以敬意和感谢。

由于我们水平有限，可能还存在一些不足乃至错误，敬请广大读者批评指正。

作者

2019年9月